哈佛经典
名家讲座

Harvard Classics

人类精神的本质

【美】查尔斯·艾略特（Charles W.Eliot）/ 主编

刘庆国　宿哲骞 / 译

中华工商联合出版社

图书在版编目（CIP）数据

人类精神的本质/（美）查尔斯·艾略特主编；刘庆国，宿哲骞译. --北京：中华工商联合出版社，2018.1

ISBN 978-7-5158-2166-5

Ⅰ.①人… Ⅱ.①查… ②刘… ③宿… Ⅲ.①社会科学—名著—介绍—世界 Ⅳ.①Z835

中国版本图书馆 CIP 数据核字（2017）第 314279 号

人类精神的本质

主　　编：	（美）查尔斯·艾略特（Charles W. Eliot）
译　　者：	刘庆国　宿哲骞
出 品 人：	徐　潜
策划编辑：	魏鸿鸣
责任编辑：	林　立　崔红亮
封面设计：	周　源
责任审读：	魏鸿鸣
责任印制：	迈致红
出版发行：	中华工商联合出版社有限责任公司
印　　刷：	天津旭丰源印刷有限公司
版　　次：	2018 年 1 月第 1 版
印　　次：	2023 年 4 月第 4 次印刷
开　　本：	710mm×1020mm　1/16
字　　数：	119 千字
印　　张：	11.5
书　　号：	ISBN 978-7-5158-2166-5
定　　价：	39.80元

服务热线：010－58301130
销售热线：010－58302813
地址邮编：北京市西城区西环广场 A 座
　　　　　19－20 层，100044
http://www.cHgslcbs.cn
E-mail：cicap1202@sina.com（营销中心）
E-mail：gslzbs@sina.com（总编室）

工商联版图书

向经典致敬

《哈佛经典》代前言

　　这里向各位书友推介的是被中国现代新文化运动先驱者的胡适先生称为"奇书"的《哈佛经典》。这是一套集文史哲和宗教、文化于一体的大型丛书，共 50 册。这次出版，我们选择了其中的《名家（前言）序言》《名家讲座》《英美名家随笔》《文学与哲学名家随笔》《美国历史文献》，这些经典散文堪称是经人类历史大浪淘沙而留存下来的文化真金，每一篇都闪烁着人类理性和智慧的光辉。有人说，先有哈佛后有美国。因为在建校 370 多年的历史中，哈佛培养出 7 位美国总统，40 多位诺贝尔奖得主，政界、商界、科技、文艺领域的精英不计其数。但有一点，他们都是铭记着"与柏拉图为友、与亚里士多德为友、更与真理为友"的校训成长、成功的。正像《哈佛经典》的主编，该校第二任校长查尔斯·艾略特所言："我选编《哈佛经典》，旨在为认真、执着的读者提供文学养分，他们将可以从中大致了解从古代直至十九世纪以来观察、记录、发明以及想象的进程，作为一个二十世纪的文化人，他不仅理所当然地要有开明的理念或思维方法，而且还必须拥有一座人类从荒蛮发展为文明进程中所积累起来的、有文字记载的关于发现、经历，以及思索的宝藏。"这些文字是真正的人类思想的富矿，是取之不尽用之不竭的智慧宝藏，具有永恒的文化魅力。

从文献价值上看，它从最古老的宗教典籍到西方和东方历史文献都有着独到的选择，既关注到不同文明的起源，又绵延达三个世纪之久，尤其是对美国现代文明的展示，有着深刻的寓意。

从思想传播上看，《哈佛经典》所关注到的，其地域的广度、历史的纵深、文化的代表性都体现了人类在当时特定历史条件下所能达到的思想巅峰，并用那些伟大的作品揭示出当时人类进步和文明的实际高度。

从艺术修养的价值来看，《哈佛经典》涵盖了历史、哲学、宗教论著和诗歌、传记、戏剧散文等文学样式，甚至随笔和讲演录也是超一流的，它们都是那个时代精品中的精品。

《哈佛经典》第19卷《浮士德》中有这样一句名言，"理论是苍白的，只有生命之树常青"。让我们摒弃说教，快一点地走进《哈佛经典》，尽情地享受大师给我们带来的智慧的快乐，真理的快乐。

目 录

历　史

历史总论　　　　　　　　　　　　　　　　003

古代西方的历史　　　　　　　　　　　　021

文艺复兴　　　　　　　　　　　　　　　029

法国大革命　　　　　　　　　　　　　　036

美国领土的扩张　　　　　　　　　　　　042

哲　学

哲学总论　　　　　　　　　　　　　　　053

苏格拉底、柏拉图与罗马斯多葛学派　　　074

现代哲学的兴起　　　　　　　　　　　　080

康德导论　　　　　　　　　　　　　　　086

宗　教

宗教总论　　　　　　　　　　　　　　　095

佛　教　　　　　　　　　　　　　　　　115

儒　教　　　　　　　　　　　　　　　　120

希腊宗教　　　　　　　　　　　　　　　125

帕斯卡　　　　　　　　　　　　　　　　131

政治经济学

政治经济学总论　　　　　　　　　　139

文艺复兴时期的政府理论　　　　　　157

亚当·斯密与《国富论》　　　　　　162

美国宪法的发展　　　　　　　　　　168

法与自由　　　　　　　　　　　　　173

历　史
history

历史总论

罗伯特·马特森·约翰斯顿[①]

在所有思维方式中，只有历史把读者摆在比作者更重要的位置上。历史学家沿着自己选择的坎坷之路（多半只占全部历史的百万分之一），勤勉、艰难跋涉的同时，将一条条坦途也在向读者们铺开。对读者来说，历史代表着跟人有关的、跟过去有关的任何东西；不仅是政治，还包括艺术、科学和音乐，它们各自都有的产生和发展过程；不仅有习俗，还有民间传说、编年史，以及文学作品，都记录了民族间的冲突和伟人的悲剧命运。因为读者只负责阅读，所以他能充分体会到历史的所有乐趣。他没有受到束缚，所以，即便他正专心学习美国的宪法文献，也可以心安理得地甩手而去，去聆听奄奄一息的罗兰吹响的号角在朗塞瓦尔峡谷中回响，或者站在克努特的身旁，凝视着北海的潮汐拍打着那位丹麦老人的脚。

---

① 罗伯特·马特森·约翰斯顿（1867—1920），历史学家，1908 年起担任哈佛大学历史学教授。主要著作有《拿破仑传》（*Napoleon：A Short Biography*，1904）、《法国大革命》（*The French Revolution*，1909）和《神圣基督教会》（*The Holy Christian Church*，1912）等。

几乎在每一个文学分支上，你都可以发现历史，它如同一条如影随形的变色龙；可实际上，也许并不存在所谓的历史。至今仍然没有一部全人类的完整记录；以后也永远不会有人编写这样的记录，因为它不是人力所能达到的。麦考利的历史涵盖了 40 年的时间；修昔底德的历史只包含了伯罗奔尼撒战争；吉本在现代人当中堪称巨匠，虽然有些勉强，但他成功地跨越了 10 个世纪，至今无人能及。事实是，除了天文学之外，没有哪个学科像历史这样，如此浩瀚无边的，而人们对历史了解得又是如此之少。除了教科书上的伪历史之外，历史的总体轮廓完全模糊不清。要想理清它细枝末节的关系极其困难——而学者们真正想知道的正是这些细枝末节。因此，在一篇短文的篇幅之内，把历史上的伟大纪元综合起来，也许是值得尝试的。

人类历史的实际长度持续了大约 3000 年的时间，也就是说，可以追溯到约公元前 1000 年。比这更久远的历史，我们就只有零碎的考古学证据，和那些刻在石头上的图画和文字。这些证据表明了，在远古时代，埃及、幼发拉底河沿岸及其他地区，曾经存在过很多繁荣的君主国。然而，给后来的时代留下深刻印记的，却并不是生存在这些地区的民族，而是雅利安人，他们当时只是一些默默无闻的游牧部落。雅利安人穿越了伏尔加河、第聂伯河及多瑙河等流域的广大平原，最后挺进巴尔干半岛和意大利半岛。在那里，由于大海阻挡了他们继续前进的脚步，他们便定居下来，从而结束了游牧习惯，并在某个遥远的时期形成了城市，其中就包括后来闻名天下的雅典和罗马。大约在公元前 1000 年或稍晚一些，希腊随着荷马一起从默默无闻中脱颖而出。

在希腊正从蛹中破壳而出的时候，一支闪米特人的部族——犹太民族，出现了他们堪与荷马匹敌的人物。在《约书亚书》中，他们用本民族特有的忧郁语调，讲述了犹太民族的十二个部落对巴勒斯坦的征服；在《摩西五经》和之后的一些著作中，记录了他们自己的法律和宗教。我们将从这里开始，即从荷马与约书亚所处的年代开始（对我们的研究目的来说已经足够了），来追踪地中海以至西方世界的历史。

希腊的领袖地位

两条伟大河流（尼罗河与幼发拉底河），以及之后的那片伟大的内海（向西延伸至大西洋）——地中海，是商业和文明的通道。提尔、福西亚、迦太基和马赛成了早期的商业中心，这不仅给骁勇善战的雅利安人带来了东西方的所有商品，还带来了语言文字的基础——字母表。这给伟大的民族赋予了更伟大的天分。凭借这样的天分，希腊人发展出了至今令人叹为观止的文学，并在整个西方文明中留下了深刻的印记。他们把本民族的早期传说，编织成了《荷马史诗》中纯真而优美的诗篇，编织成了埃斯库罗斯、索福克勒斯和欧里庇得斯阴郁而辛辣的戏剧。后来，他们又转向了历史与哲学。在历史领域，他们凭借修昔底德诞生了一部杰作，凭借希罗多德诞生了最令人愉快的叙事篇章。在哲学领域，他们取得了本民族最重要的成果。

希腊哲学终将成为人类最伟大的智力宝藏。因为在希腊人之前，所有其他文明或语言都不曾得出抽象的概念：时间、意志、空间、美、真等诸如此类的概念。从这些虽不完善、但颇为神奇的词语概念开始，那些精力充沛、思维敏锐的希腊知识分子便很快建起了一幢宏伟的建筑，这一建筑在柏拉图、亚里士多德和芝诺那里得到了最完美的表现。但是，从公元前 4 世纪末起，也就是从亚里士多德和他的弟子亚历山大大帝的时代起，希腊开始逐渐走向衰落。

这次衰落，刚好与一些有着巨大政治意义的历史事件同时发生。亚历山大大帝创建了庞大的希腊帝国——从地中海一直延伸到印度。然而，随着他的逝世，这个帝国也土崩瓦解，分裂为很多君主国，如东方的希腊王国。其中，幸存到最后的是埃及的托勒密王国。公元前 31 年，当奥古斯都在亚克兴海峡打败克里奥帕特拉和安东尼时，托勒密王国才彻底覆灭。此时，距亚历山大在埃尔比勒最终打败大流士，恰好 300 年。

在这 300 年的时间里，雅利安人西进的一个分支——罗马人赢得了至高无上的权力。大约公元前 200 年，罗马摧毁了迦太基的力量，控制了西地中海，之后，又把手伸向东地中海。在不到 200 年的时间里，罗马征服巴尔干半岛、小亚细亚和埃及，把地中海变成了他的内湖。

罗马城的历史可以追溯到公元前 1000 年，罗马共和国的传说和历史描绘了从大约公元前 500 年以来大致的历史事实的轮廓。但是，只有在与希腊的文明和语言建立了联系以后，罗马人才真正掌握了文学形式的表达。他们的语言虽然没有希腊语那样的活泼与和谐，它的常用词汇和抽象词语也并不丰富，但由于它简洁、清晰和庄严，因此很适合充当立法和行政的媒介。在外来文化和希腊文明的影响下，罗马很快有了属于自己的文学，这是其所征服的民族创造出的更高层次与成熟的文学回声。它为罗马共和国的最后岁月和罗马帝国的早期历史（即奥古斯都时代）涂上了一道绚丽的色彩。维吉尔对荷马进行了高度精致的模拟，尽管并不完全使人信服。卢克莱修用平稳的六音步诗行，对还不精致的唯物主义宇宙观进行了哲学化处理。西塞罗以德摩斯梯尼为样本塑造了自己，并取得了更大的成功，同时又带有一定的本土化特征。只有历史学家，可以与他们的希腊师傅相携而行，在塔西佗的政治家本能和辛辣讽刺中，表现出了跟修昔底德相等的价值。

正当罗马从共和国转向帝制的时候，拉丁语和希腊语成为地中海地区的两种通用语言。希腊的雅典、帕加马和亚历山大城，引领着精致生活的时尚，并赋予了颓废却精致的批评和哲学以卓越的品质。但第三个影响即将在新近组织起来的地中海政治体系中让人感觉到自己的存在，这就是犹太人的政治体系。

犹太人的贡献

要想理解犹太人所处的地位，我们有必要先回顾一下古代社会和政治斗争的一些特点。从荷马笔下的英雄们所处的时代，一直到亚历山大大帝的时期，国家规模都比较小，基本是一座城市或一个城市群。那时战争接连不断，并常常伴随着毁灭和奴役。几百年之后，国家的规模随着社会的发展有所扩大。雅典试图像迦太基那样创建一个殖民帝国，而其他强大的大陆国家像马其顿和罗马，也先后步它们的后尘。于是，在大约公元前最后一个世纪里，大规模的战争不断发生，而且每一场战争都至少伴随着一个亟须深入思考与衡量的因素。

社会不平等是古代世界的一个基本特征。就其起源来说，希腊城邦都是由门第高贵的家族所组成的一个很小的阶层来统治整个共同体。从贵族到奴隶，形成了尊卑有序的社会等级，战争在以掠夺奴隶为目的的基础上发动，胜利者成为被征服者的主人。罗马共和国对希腊君主国发动的几场大战，都是被寻求财富和奴隶的动机所驱动的，被征服国家的人口当中最有才干、最有教养的部分沦为奴隶。罗马创建了一个伟大的地中海国家，但是也付出了惨痛的代价。她所创建的文明，除了空洞无物的形式主义之外，没有任何宗教信仰，没有灵魂。而犹太人，正好弥补了这个缺憾。

在整个东部，以及西部的部分地区，犹太商人在罗马帝国的城市里组成了与众不同的社群，并树立了精神信仰和严肃认真、品行端正的典范，跟当时社会上盛行的风气形成了鲜明对比。这种社会风气产生的原因是：物质和享乐主义是社会经济繁荣的自然结果；宗教的意义是形式主义的，最终是纵欲狂欢；道德因素几乎完全缺失。但是，一场反叛正在悄然进行，对那个时代灵魂的缺失和邪恶不义进行反抗，人们随时准备投向其他领袖，只要他能提供一套体系，来满足他们饱受凌辱的心灵对良知的渴望，这个体系要能覆盖这个地中海帝国的整个范围。三个犹太人——耶稣、彼得和保罗，他们挺身而出担负起了这个重任。

耶稣是榜样，是善良智慧的人，是救赎主神。他最后定格的这个身份，十分符合亚洲的太阳崇拜思想和救赎观念，而这些恰恰是当时最活跃、最有希望的宗教思路。彼得是进入罗马的犹太人，是一个帝国主义者，一位政治家，有广阔的视野和传教的热情。保罗是进入希腊的犹太人，是亚历山大学派的功臣，他把希伯来的因素融进了埃及希腊人近乎濒临死亡的哲学化进程当中，因此给了它一份续了期的生命契约。这份契约的期限长到刚好足以把亚历山大派的思想填进基督教的框架里，并赋予这个新兴宗教特有的教条工具。

到公元312年，三百多年过去了，基督教在地中海世界还只是一个比较古怪的教派，完全不同于其他教派，这些教派都要求得到罗马皇帝庇护之下的各个阶级与种族的忠诚。三百年来，地中海地区成为帝国行政、贸易及文化和谐交往的和平之路。这条路上挤满了不同的民族，所有这些民族的血都注入进他们的体内，从撒哈拉沙漠到德意志森林，从直布罗陀海峡到幼发拉底河谷。由那些出身高贵的人——他们曾奠定了这个庞大帝国的基础——所组成的小部族已经消失得无影无踪。机器在自身动力的驱动下不断运转，而战火依旧燃烧在遥远的边境地区，打仗是外国雇佣兵的事，还不足以激起帝国核心地区的尚武精神。实际上，满城风雨的正是经济的弱点：物质主义、漠视宗教和胆小怯懦。

帝国的孱弱身躯是一个脆弱的框架，难以支撑这么庞大的统治体系。皇帝轮流做，好与坏并行存在，或是恶魔，或是圣徒。但都阻挡不住衰落的步伐。军队士兵不得不从野蛮人当中招募；皇冠成了普遍斗争的主要奖赏；帝国已经难以控制，看着这即将倾覆的大厦，许多竞争者纷纷摩拳擦掌，试图凭借武力赢取这大好的河山。

罗马的基督教化

公元 312 年，一场斗争正在进行，作为竞争者之一，君士坦丁试图寻求一种克敌制胜的法宝，最终他求助于基督教，把自己置于十字架的保护之下。且不论他实际的宗教信仰是什么，但可以肯定的是，君士坦丁的这步棋走对了。就在异教崇拜仍然希望通过习惯和感官诉求留住平民大众的时候，基督教已经把精英阶层聚拢到了自己身边，特别是在帝国的西部地区。行政官员、商人、有地位和影响力的人，都成了基督徒。君士坦丁需要他们的帮助，并且也通过接受他们的信仰，实现了得到帮助的愿望。

如此，基督教经过漫长的斗争并遭受了无数迫害，一夜之间成了帝国的官方宗教。但基督教是排它的，皇帝是它的领导者，因此需要帝国所有公民的服从，而这种服从必须付出代价。平民百姓依然固守着他们古老的信仰，古老的神祇，古老的神庙，以及古老的仪式。祭司、神庙、仪式、雕像，虽然全都保留了下来，但它们却被重新贴上了基督教的标签，在这些"古老"外衣的掩护之下，基督教的观念在不知不觉中得以入侵，一场巨变就这样发生了，今天细心的读者和旅行者依然可以找到这场巨变留下的痕迹。

　　精美的形式，感人的场面，在满是大理石雕刻、玫瑰花环和充满激情的地中海地区，如今这一切正渐渐消失，并成为梦想家们幻想的素材。身着白衣的祭司和烟雾缭绕的祭坛，喧闹狂欢的队列和神秘的仪式也不再是人类感情的纽带。不再有牧羊人吹响胫骨笛向西布利女神致敬，不再有无数令人心醉的神话故事，也不再有用充满诗意的想象力创造出的精美丝网出现在神圣的小树林里和诸神的柱廊之上。日复一日，四季变换，就像阿波罗和狄安娜在天上走着各自的路径一样，世间万物仍在地上有序进行；但如今它们陷入了加利利人的魔套，幻化成一缕五彩斑斓的烟雾，一片过去时代的迷蒙轻纱，虚幻而不可企及。虽然在某些地方，历史学家可以修复几处遗址，诗人也可以再次体验过去的生活，但留下来的仅仅是各个异教物质的外表，因为受到打击的，是异教的心，那是最柔弱的地方。它也曾努力获得良知，但失败了，而此时新的信仰已经在坚硬的岩石上建立起来。基督教通过个人良知的反叛取得了胜利；如今它要尝试完成一项艰巨的任务：创造集体的良知。①

――――――――――――

① 约翰斯顿. 神圣基督教会. 146 页.

罗马的衰亡

基督教在罗马的确立，给这个正迅速衰落的帝国注入了些许生命力。君士坦丁一世建立了新的首都君士坦丁堡，从而把帝国一分为二：罗马和希腊各一半。然而，糟糕的是来自边境条顿人的持续压力，如今再也无法被抵挡，他们逐步冲破了边界。在基督教成为地中海世界的官方宗教的时期，日耳曼部落已经凭借武力夺取了在莱茵河与多瑙河的圣地之上占有土地的权力。从那时起，在接下来的一百多年的时间里，日耳曼渗透和罗马瓦解的进程从未停止，并随着公元 375 年日耳曼人的大举迁移和公元 410 年罗马被阿拉伯人和哥特人的洗劫而达到顶峰。

在以后那令人心惊胆战的半个世纪里，罗马世界被许多日耳曼亲王所瓜分。以往的秩序中，只有两样东西被保留了下来：一是以君士坦丁堡为中心的破烂的东罗马帝国，一是极具重要性的罗马主教职位。这一职位不久后就被命名为"教皇"，并且显示出了其特有的功能：他将借助新的手段统治被皇帝们丢掉的大好河山。

日耳曼人粗俗但有尚武精神，罗马人则细腻而平和。当战争的风暴席卷西罗马帝国的时候，罗马人躲进了修道院里寻求庇护。"在那里，在拉丁十字架（它是野蛮人不敢冒犯的标志）的保护下，罗马文明活动所留下的东西也只能在暴风骤雨中不断发抖。不久，当基督的大军用新的武器征服他们祖先的军团甚至都不曾见过的土地时，罗马的文明才重见天日。"[1]

---

① 约翰斯顿. 神圣基督教会. 第 162 页.

罗马的教徒们很快就发现了头脑简单的日耳曼人轻信和迷信的特点。他们把崇高的理想和基督教的道德摆放在日耳曼人的面前。教士们不仅利用宗教控制了日耳曼人，而且很快成了各个日耳曼王国的行政官员、立法者和指导者。

此时，文明发生了突出的变化，成了一种由基督教和日耳曼精神占主导因素的混合物。从表面上看，也许收获颇丰；不过，从经济和物质的意义上看，却损失巨大。巨大的财富烟消云散，帝国的交通系统破败不堪。商人在地中海地区失去了安全感；罗马的通衢大道日渐荒芜；军事国家的边界线阻挡了旧时的来往通道。在这样的环境下，文明比以前更加局部化，更加衰弱。事实上，在相当一段时间里，日耳曼王国探索出了不同的道路。

封建制度

大约两百年的时间里，欧洲经历了一段苦难的岁月。来自西北的丹麦人和斯堪的纳维亚人，以及来自南方的撒拉逊人先后蹂躏过这块土地。最终，只有莱茵河上游和多瑙河地区（它们一直庇护着丰富多彩的日耳曼文明）逃过了一劫。加洛林王朝的帝国分裂为法兰克、洛塔林（或称勃艮第）和日耳曼等几个王国。其中，日耳曼王国夺取了皇帝的桂冠。如果不是封建制度的出现使不断衰落的文明得以稳定并增强，这次分裂很可能会无期限地继续，直到陷入不可收拾的局面。

只有武力才能成功地抵抗武力，在每一个危险的关头，总会出现类似的局部抵抗。那些愿意战斗并有能力战斗的人保护了整个共同体，于是，他们要求得到某些特权。他们很快就开始修建城堡，把他们的权力和领地传承给他们的继承者。新的领地很快就被看作是跟其他领地密切联系的载体，但前提条件是必须提供军事服务，以及其他服务。教会也是如此，直至 11 世纪，一个通用的模式奠定了西欧观念的基础：每个个体都隶属于某个阶层，位于这个等级阶梯顶端的，或者是皇帝，或者是教皇，或者是这二者的兼有者。阶梯的最高一级是极具争议的一级；而在最低的那一级上，人人都会被接受。

　　这一时期，封建制度尽最大的努力恢复并创造更加稳定的环境，并力图终结北方和南方的海盗行径。从西西里到苏格兰的边境地区，欧洲由一些规模不大的军事诸侯国所组成，偶尔有些地方，以一些还算有效的方式，被诸如法兰西和英格兰那样的君主国或者被帝国本身整合在一起。每一条贸易路线都被建有防御工事的诸侯国凭借这种保护向商人征取苛捐杂税。而在更和平的环境中，当大型商业城市开始在意大利、德国和尼德兰出现的时候，一场人民与封建诸侯之间争夺统治权的斗争便开始了。与此同时，教会的野心越来越大，并经历了激烈的兴衰变迁。在法兰克人的保护下罗马最终获得了疆土，直至 1870 年 9 月 20 日才被新兴的意大利王国赶了出去。有了这一领土优势，加上强大的古罗马传统和教会的推动，以及教皇格列高利七世（希尔德布兰德）的统治，罗马在再三权衡之后出手，试图抓住欧洲的封建权杖。这一举动遭到了日耳曼帝国（查理曼大帝庞大疆土的分支）的奋力抵抗。由此衍生出了两大党派：教皇派和皇帝派。帝国的支持者和教皇的支持者在很长的一段时期里试图夺取至高无上的统治权力，两派的斗争冲击了德国和意大利。

　　与封建运动和服务于教会的狂热不可分割地联系在一起的是：罗马一度在斗争的间隙成功地发动了十字军东征，它们既包含宗教性质和骑士精神，也带有经济性质。此次东征从过剩的封建军人当中抽调人马，组成了大军，目标是要把圣地从异教徒驻军手里解救出来。帝国东部被宗教战争及屠杀弄得遍体鳞伤，满目疮痍，除了加害方，没有留下可记忆的结果。对于一向节俭的热那亚共和国和威尼斯共和国来说，十字军东征无疑是一项耗资巨大的运输和贸易事业，它导致了东方贸易的一次巨大扩张；而西部只好再一次训练东部，并重新回归具有较少宗教情怀、满是怀疑精神的状态。从十字军东征时期末（1270 年）算起的 250 年之后，宗教改革、经济活动和怀疑论的发展都是鲜明的事实，而仅次于它们的，应该算是某些新语言的诞生，以及文艺复兴的出现——从某种程度上来说，它是由上述这些力量引发的。

文艺复兴

当时，教皇制度已被 11 世纪和 12 世纪的各种巨大的付出搞得开始走向瓦解。于是当但丁开始用意大利语写作的时候（1300 年），当接下来的两个世纪里法国、英国和德国的文学相继成形的时候，教皇制度所支持的罗马观念便开始衰败。罗马不仅放弃了拉丁形式的信仰，而且还渴望把宗教教义通过新型语言模式进行转化，尤其是渴望拥有一部本国语言的《圣经》。这就刺激了神学研究，罗马人希望创立中世纪的大学，并试图通过阿奎那的努力，复制希腊的黄金时代，从而复活亚历山大大帝带给他的哲学。

然而这一切都无济于事。欧洲感受到一种全新生活和民族主义在自己的体内萌发。发现印度和美洲后，人们的想象力第一次被激发，随后野心勃勃的政治家、军人和艺术家们的贪婪被不断地注入到了大量的黄金故事中。世界的脉搏跳动得更快。君士坦丁堡在建立一千年之后，落入了土耳其人之手。它的手抄本、文化艺术和能工巧匠的故事持续不断地涌入意大利。发明家、改革家、艺术家和革命家不断涌现。恺撒·博尔吉亚试图建立一个意大利帝国，但他没能成功。马丁·路德试图跟教会分道扬镳，他后来成功了。

马丁·路德宣称，一个人可以只凭借上帝的恩典来拯救自己的灵魂，并在此基础上开始了一场理想之争（一场冗长的辩论），从而再一次把欧洲打入了战争的地狱。这场战争一直持续到了 1648 年《威斯特伐利亚和约》的签订，直到这时候，人们才恍然大悟，欧洲的整个北方地区已然成了新教的天下，而南方仍然是天主教的地盘。

法国和英国

就在这个关键时刻，路易十四开始了他的统治，这使法国在最近两个世纪的欧洲历史上占据一个重要的位置。封建制度的时代即将逝去。最后的大诸侯国在宗教战争中已经疲惫不堪。君主制度使他们丢掉的东西失而复得。在凡尔赛宫的辉煌和壮丽中完成工作，使曾经半独立的封建军人沦为形式上的朝臣。波旁家族取得了很大程度的成功，依旧是法兰西的独裁者，即便是享有特权的教士和贵族阶层也处在他们之下，他们对政府机构有着绝对的控制权。于是他们很快就开始虐待这个政府机构，而它的彻底垮台则是伴随着 1789 年法国大革命的爆发而到来的。

许多琐碎的原因汇聚在一起导致了这一戏剧性的事件发生。且看看其中的原因，包括波旁王朝财政上管理的漏洞、食物供应的匮乏，以及受过良好教育但在政府事务中被剥夺了所有权力的中产阶级的反抗。这一阶级控制着日后国民议会中的三级会议，他们开始行动，希望以自由、平等、博爱的名义消灭波旁王朝的支持者。国民议会经验不足和王室宫廷的软弱无能催生了巴黎暴徒的野蛮，而它最终因激怒了整个欧洲而把法国卷入了战争的泥潭，并把波旁家族和众多高贵而优秀的，以及少数最坏的法国人，送上了断头台。

这场旗开得胜的战争，以及恐怖统治时期之后的共和国政府的懦弱，都不可避免地促成了一个军事独裁政权和君主政体的复辟。于是拿破仑·波拿巴走上了历史的舞台，凭借着铁腕手段，他掌管法国长达 15 年之久。在拿破仑执政期间，他把法国建设成了一个在欧洲空前的国家，他带着一种自大狂妄的征服欲一路猛进，从烈日炎炎的埃及，一直到冰雪皑皑的俄罗斯。而他倒下后，留下的是筋疲力尽的法国，那之后不久，波旁王朝便卷土重来了。

拿破仑发动的战争使得欧洲倾尽全力，来打垮法国和拿破仑。但最后，遥远的俄罗斯给了他最致命的一击。事实上英国才是最为持久、顽固、成功的敌人。法国和英国之间的争斗，在历史上可以追溯到更早期。

在查理曼大帝之后的黑暗时期，诺曼底人一度通过征服控制了法国和英国之间的一个中间地区。在诺曼底公爵威廉的控制下，他们于 1066 年征服了英格兰本土并且在那里建立了一个强大的君主制国家。然而，在法国的根据地，盎格鲁—诺曼底的国王们却陷入了与邻国的冲突，战争在英法两国之间激烈地进行着，一直持续到了 1815 年，期间只有很短暂的停歇。起初，它们的目标主要是占有领土；但后来，经济因素却变得越来越显著，直至 18 世纪，在拿破仑的统治下，这场斗争最终演变成了一场争夺海外殖民地的斗争。

西班牙与哈布斯堡王朝

16 世纪，随着都铎王朝在英格兰的开始，一个新的大陆强国的崛起使英、法两国之间的斗争，变得更为漫长而复杂，在特定的环境下，这股新势力很可能与法国合作！

阿拉伯人于公元 723 年在图尔被法兰克人打败以后，便不断衰退。可是，在之后几个世纪的时间里，他们在西班牙兴盛并发展起来。在那里，他们发展了学术和艺术，并取得了辉煌的成就，而这时，欧洲的基督教依然深陷于黑暗之中。不久之后，位于比利牛斯山脉和阿斯图里亚斯群山的封建诸侯国又开始逐渐联合，到十五世纪末，这些国家合并组成了一个新的联合君主国，征服了最后一个阿拉伯王国，创建了现代西班牙。

就在这个关键时刻，凭借欧洲历史上最引人注目的巧合——婚姻联盟，再加上其他特定的环境，几乎是在突然之间，西班牙王国（勃艮第公爵们的伟大遗产）和匈牙利王国被抛到奥地利的哈布斯堡公爵们的手里，他们使自己的统治者登上了德意志皇帝的宝座，一直持续到了古老的日耳曼帝国的末日（1806 年）。

巨大的权力集中在皇帝查理五世（1519—1556 年）的手里，这使得宗教改革带来的新形势有了一次明显的转变。因为法国（依然是天主教国家）和英国（已经成了新教国家）都不得不面对：哈布斯堡王朝的开疆拓土打破了欧洲的平衡这一事实。这在很大程度上说明了那个时代不断变动的政治调整的原因。直到路易十四统治末期（1753 年的《乌特勒支条约》），哈布斯堡家族的权力才由于一位波旁家族的王子登上了西班牙的王位而基本上达到平衡。此后，法国和西班牙开始联手共同对付英国。

在英格兰，从亨利八世到克伦威尔，宗教动荡大概持续了一个世纪的时间。总体说来，这场动荡不比欧洲大陆发生的动荡那么激烈。其主要结果是建立了英国圣公会，以及新教教派出现，而新英格兰最坚定的移民就是从这一教派当中产生的。

大英帝国的建立

宗教战争期间，英国卷入了一场跟新兴的哈布斯堡—西班牙势力的斗争。在斗争中，西班牙无敌舰队的巡航中发生了一些具有戏剧化的事件：英国海员冲破了西班牙在南部诸海周围建立起来的薄弱屏障。从此，广阔无边的大海，印度群岛的黄金，生产蔗糖、烟草、咖啡的种植园，新世界不断扩张的殖民地和国家，都成了矛盾的主要内容。当西班牙的能量在无敌舰队覆灭之后逐渐耗尽、一个世纪后成为法国随从的时候，这场斗争就成为英法两国之间的斗争。

英格兰在七年（1756—1763 年）的这一世界性的斗争中确立了它的霸主地位。虽然在接下来的一场战争中丢掉了它的美洲殖民地，但是，当它在 1793 年再次与法国狭路相逢的时候，它的贸易和制造业，它无比优越的地理位置和经济形势，以及它精明审慎、公事公办的政治才能，都使英格兰一跃成为欧洲各国之首。它加入了 1793 年抵抗法国的欧洲联盟，除了两次短暂的停歇之外，英国一直在战场上对抗法国，直到二十年之后，在滑铁卢，拿破仑最终被威灵顿和布吕歇尔打败。

在这场漫长的斗争中，法国一直都面对着两个难题：一是大海和英国，二是陆地和它的东北方三国（奥地利、俄罗斯和普鲁士）。

在这场斗争即将结束的时候，也就是拿破仑兵败西班牙、陷入跟俄罗斯的你死我活的搏斗中的时候，大陆的问题使另一个问题顿时不那么重要了。但英国一直目不转睛地紧盯着大海、殖民地和海上贸易；结果，当欧洲列强纷纷在维也纳和会（1815 年）上瓜分这个分崩离析、满目疮痍的帝国时，各国发现，英国成了唯一的海上霸主和殖民强国。

现代欧洲

拿破仑倒台之后，紧随其后的是一段反动时期，到了 1848 年，一场革命风暴接近尾声。人口不断增长，交通工具更加便利，这些都不断促进了智力和经济活动，但政治特权受到了极大的限制，政府依旧是老式的。意大利和德国（古老的帝国已经在 1806 年走到末路）已经被播下了新民族主义的种子。从巴勒莫到巴黎，从巴黎到维也纳，爆发了一系列的革命，两年的时间里，欧洲陷入了剧烈的动荡之中。一个新的波拿巴帝国在法国崛起，在意大利和德国，新的民族观念日益成形，尽管还需要二十多年的时间，在拿破仑三世那强大的野心驱动下，被加富尔和俾斯麦付诸实践。

1859 年，法国协助萨伏伊王室把奥地利人赶出了波河流域，这为加富尔和加里波第解放并统一整个意大利铺平了道路。1866 年，普鲁士把哈布斯堡家族赶出了德意志，四年之后，又带领德意志联军进军巴黎，从而巩固了自己的地位，在那里，联军拥戴霍亨索伦家族的威廉成为新的德意志帝国的领袖。

此后发生的事情，主要以争夺殖民地或确立经济上的宗主权为主，但这些都在更大程度上属于当时政治而不是历史的领域。出于这个原因，我们可以将其忽略不计。实际上还有很多别的东西也被忽略了，对这些内容来说，这篇文章的篇幅实在太短。如果可以补充一句话，以帮助读者从我们称之为历史的那个被践踏、被拆解的领域有所收获的话，我们想说：每一件事情都会启发一种新观点，开启新的精神姿态。读者是这场盛典的观众，他必须冷静地判断和辨别，不应带有赞扬的倾向或指责的偏见。当不息的河流以它不停变换的色彩不断展现的时候，他不仅应满足于观察，还要有乐于判断人的行为和动机的智慧，要有愿意捕捉这些生动而真实的戏剧性的想象力，要乐于对无数英雄行为做出心灵的回应。因为正是这些英雄行为，使伟大的人物和伟大的民族变得更加高贵，并且，这样的英雄行为与全人类共存。

古代西方的历史

威廉·斯科特·弗格森[①]

西方世界的历史大体上可分为三个时期，每个时期约1500年左右，其中有两个时期属于古代历史。

第一个时期与"那条永恒之链相连接"，这条永恒之链包含了东方文明在它的三个看似迥然不同但实际互相联系的中心（埃及、巴比伦及克里特—迈锡尼）的兴起、昌盛和衰亡。第二个时期从公元前1200年到公元300年，它也包含了一种文明的生长过程。这就是希腊和罗马高度发达的智慧与物质文明。第三个时期，也称为基督教时期，直到我们这个时代。我们这个时代的19世纪也被称为是第四个时期的开始，从全人类的发展角度来看，这是一个有着无限可能的时期。

希腊人像基督徒一样，千百年来也在效仿他们的祖先。他们的

---

① 威廉·斯科特·弗格森（1875—1954），古代史专家，1912年成为哈佛大学第一位古代史教授。主要著作有《希腊化时期的雅典》（*Hellenistic Athens*，1911）、《希腊帝国主义》（*Greek imperialism*，1912）、《雅典娜的司库们》（*The treasurers of Athena*，1932）和《雅典的部落周期》（*Athenian Tribal Cycles*，1932）等。

古老诗歌——荷马的《伊利亚特》和《奥德赛》在某种意义上来看是克里特—迈锡尼时代的遗产，其活动背景就是那个时代。即便这样，像中世纪及现代欧洲的各民族一样，希腊人之所以会产生自己特有的文明，要归功于他们自己的努力。

公元前8世纪和前7世纪，希腊人成为人类的一个新民族。这一时期，也就是他们从爱琴海民族逐渐发展成为地中海民族的时期，他们挣脱了束缚东方精神的枷锁，并凭借自己的聪明才智，勇敢地直面人类生活的重重困难。当他们接下来开始明确自己的位置时，他们才发现拥有的那些城市同时也是国家。它们之间根本不存在任何政治关联，事实上，那些把米利都、科林斯、叙拉古、马赛，以及当时成百上千地居住在希腊城邦的希腊人彼此联结在一起的情感纽带极其脆弱。需要指出，仅克里特岛上就有23个截然不同的城邦，由此我们可以看到这幅地图的复杂性。在希腊，就如其他地方一样，城邦生活既是城市的也是国家的，事实也证明这样的城市也是最有利于自由制度发展的土壤。

希腊的个人主义

希腊形成时代的背景恰逢个人主义的兴起。诗人们摆脱了荷马的陈旧规矩，不再像从前那样认识古代英雄的行为，而是着手处理自己的情感、观念和经验。他们把叙事史诗放在一边，而采用本土的韵律和方言来书写身边的每一个普通男女。从前习惯于保守、一丝不苟地精心研究某种类型的艺术的雕塑家和画家，如今也意识到，他们的作品在某种意义上就是他们自己的创造。因而他们开始在作品上添加自己的大名，以此彰显自己的权利。

宗教问题已经不可能通过荷马的启示得到令人满意的解决，它们直接诉诸每一个思想个体所关注的焦点。但依然有人固守正统，也有人在对狄奥尼索斯和得墨忒耳的狂热崇拜中寻找庇护，还有人试图把世界解释为自然规律的产物，而不是神的创造。一些人早年由于各自的家庭、宗族和同业公会而默默无闻，现在他们为了各种公共目的而脱离了同这些机构的关系，只承认城邦的权威，这个城邦对所有人赋予权力。政治中有对立者，就像宗教和艺术中也有对立者一样，他们反叛的暴君，是像阿基洛古、萨福、阿尔凯奥斯这样的诗人，以及像米利都的泰勒斯和爱奥尼亚这样的科学家。

总之，在亚细亚的一支希腊人是这个时代的领袖，而米利都则是整个希腊世界最大的城邦。

斯巴达、雅典和底比斯

之后的公元前 6 世纪是一个反动的时代。人们对之前几代人的那种猛烈的爆发敬而远之。那是"七贤"的时代，是信奉"凡事讲究节制"这句金玉良言的时代，是贵族们限制自己私欲和权力的时代。在这个压抑的时代，斯巴达所发展起来的丰富多彩的文化，被缩减为单一的形式——战争及备战。随着斯巴达贵族地位的降低，其所支持的艺术和文化也逐渐没落。斯巴达民族成了一个武装阵营，人们过着军旅，以及清教徒式的简单生活，因为总是小心翼翼，担心奴隶们（每个斯巴达人有 15 个奴隶）起义和屠杀，所以时刻保持警戒状态，唯恐他们在希腊（共有 1.5 万名斯巴达人和 300 万名希腊人）确立的领袖地位遭到颠覆。在雅典，发展的方向却与此截然不同。那里的贵族虽然也失去了对政治权力的垄断，但他们依然承认了奴隶的公民地位。在民主发展时期塑造雅典的那些人本身也是贵族，他们从来不曾质疑过，他们的制度文化将会使民众的生活变得如此高贵。因此，他们不怕辛苦，甚至不惜代价，要自己建造和维护公共角力场和体操场，力图使贵族和平民都能在这里锻炼身体，使之柔韧与优雅，这些做法也使得他们更加富有魅力和激情。他们还举办平民百姓喜欢参加的音乐比赛，在准备比赛的过程中，激发了所有人对文学和艺术的热情，特别是对诗歌和戏剧的唱词及音乐的学习。贵族阶层在雅典消失了，但雅典人成了全希腊的贵族。

这种现象的产生，主要是他们杰出的政治家米斯托克利的功劳。在他富有远见的领导下，雅典虽然有巨大的财政支出，却缔造了一支强大的舰队，以非凡的奉献精神与空前的英雄主义与斯巴达共同击退了波斯人，并建立了属于自己的海上帝国。起初，阿里斯提得斯是米斯托克利的一位并不能构成威胁的竞争对手，后来成了他忠诚的合作伙伴；伯里克利在科学、哲学、法学、艺术和文学上的兴趣使他成了希腊发展巅峰时期最伟大的倡导者。米斯托克利得益于这两个人的协助，完善了雅典的民主制，界定和确立了他的帝国使命。再没有一个位高权重的人比他更能严肃地对待这样一个信条：每一位公民都有资格担任公职。同样，也再没有比他更热心的帝国主义者。事实上，雅典的民主制，如果没有雅典的海上帝国做后盾，它所主张的一切都是空中楼阁。臣服的同盟者对雅典人来说，就像奴隶、工人和商人对柏拉图理想国中的公民一样缺一不可。

斯巴达曾试图消灭这个帝国而发动了一场针对雅典的战争，战争耗时十年（公元前431—前421年），却没能达到目的。斯巴达没有完成的任务，却被雅典的天才亚西比德完成了，因为在他的努力下，民主主义者们发动了给自己带来灾难的西西里远征。他们在叙拉古城下遭受了惨痛的失败之后（公元前413年），他们的附庸国便纷纷起义，不再进贡；雅典终究没能打败联手对抗它的西西里人、斯巴达人和波斯人，公元前405年，雅典屈服了。不知是否还有过其他这样的城邦：在有五万名成年男性从事和平工作的同时，又有同样数量的成年男性从事战争。当希腊领导世界的时候，雅典领导着希腊。

斯巴达人取而代之，但他们只能依靠他们的同盟者——波斯和叙拉古所给予的支持来维持这一地位。所以，当他们与波斯人发生冲突的时候，他们便马上失去了这样的地位。后来虽然通过公元前387年的《国王和约》得以恢复了，但不料在十六年之后又倒在了底比斯的脚下。底比斯的胜利完全倚仗伟大的武士政治家伊巴密浓达。他在公元前362年战死沙场，这也意味着底比斯霸权的瓦解，而直到公元前356年亚历山大大帝诞生，希腊人苦苦寻求了二百年的梦想才终于实现：欧洲的所有希腊城邦，不论大小，全都再次得到自由，如同公元前7世纪那样。实际上，正如普鲁塔克的《德摩斯梯尼传》所叙述的那样，它们活在以派系斗争所提供的机会中，始终怀着对彼此的恐惧和嫉妒，生活在巨大危险的阴影之下，而能够化解这种危险的，只能是走向统一。

马其顿王国

马其顿王国在菲利普时统一了希腊，经济实力强大，因此确保了亚历山大大帝征服波斯帝国，并开始了迅速而持久的希腊殖民历程。正如马基雅维利在他的《君主论》中所指出的那样："他的继承者们需要面对的唯一障碍，是他们自己的野心给自己制造的困难。"然而，仅仅这个困难就已经导致了一场空前的战争，这场战争长达三十年之久。在战争结束的时候，不平衡的势力局面使希腊—马其顿世界陷入崩溃，在这一局面中，托勒密王朝统治下的埃及用巨大的经济实力维持着一支阵容庞大的舰队，控制着马其顿和亚洲。意大利在罗马治下的统一（公元前343—前270年），以及迦太基帝国随后的垮台（公元前264—前201年），把一个远比任何希腊王国都更加强大的军事强国带入了与埃及的敌对冲突中。这个国家有五百万人口，军队在籍有七十五万人，能够连续多年上战场的至少有十万人。这样一支队伍，仅靠希腊世界的联盟是无法与之匹敌的。希腊人再一次因为他们的分裂而遭到了应得的惩罚——在一场艰难的战斗之后，他们最终被罗马统治。

罗马的崛起

征服希腊的罗马人并不讲究"绅士风度"，如一百五十年之后的西塞罗、恺撒和他们同期的人那样，他们的个性只是部分地在普鲁塔克的《科里奥兰纳斯传》中得以展示。这篇传记中有一个传说，虽是传说，但在普鲁塔克时代的罗马人和希腊人眼里却是事实，因为他们可以以此来说明他们在政治斗争中所谓的坚持，以及他们在国内生活中的崇高品德。事实上，他们有很多易洛魁族人的品质，当他们凭借着勇猛占领了一座敌方城池时，他们的士兵常常会屠杀他们在途中见到的每一个活物：男人、女人、小孩，甚至动物。由此可见罗马人并不是用散发着玫瑰香水味的柔和手段或现代人道主义的方式来征服世界的。

经历了五代人的厮杀之后，意大利人走上了一条被希腊化的阳关大道，与此同时，东部行省对他们的反对作用也很强大。在这个很快去除民族化的时期，曾经引领国家率先走向内部和平，然后取得意大利的稳固领导地位，最终走向世界帝国的罗马贵族开始分裂。罗马帝国养育了许多承包人、放债人、粮食商人和奴隶贩子。他们逐步地把组成元老院的大土地所有者甩到一边，从他们的手里夺取了行省的控制权；然后，对各行省进行肆无忌惮的掠夺，这种行为加速了政府的崩溃，而皇帝的统治则是摆脱这种崩溃的唯一出路。西塞罗青年时期，刚好赶上了贵族阶级的农商之间的自杀式冲突。西塞罗作为一个"新人"，为了在政坛取得一席之地，他不能让自己依附于像庞培那样的大人物，于是，他的政治路线和政治观点都是模棱两可的。但他至少有一项坚定的原则，那就是：要不惜一切代价恢复"秩序的和谐"。可是，这是根本不切实际的。

恺撒和奥古斯都的功绩

罗马帝国还供养了一支常备军，为了使用这支军队来对付条顿人、意大利人、希腊人和高卢人，他们培养了一个个军事领袖，这些人有权对民事政府发号施令。其中最后一位领袖是尤利乌斯·恺撒，他甚至决定不再控制元老院，而是自己取而代之。他的短暂统治（公元前49—前44年在位）是罗马发展史上值得大书特书的一笔，因为他使罗马帝国自亚历山大大帝去世以后再现了一个世界性的君主国。在同时代的希腊文献记载中，恺撒被奉为"全人类种族的救世主"。在他被人刺杀之后，刺客们悲伤地意识到，竞争的候选人之间为争夺军队（恺撒的军队）的控制权而爆发了一场冲突。恺撒的马夫长安东尼最后领着剩下的一半军队去了东部，去完成恺撒生前的计划：征服帕提亚人。他生活在亚历山大城，拜倒在了恺撒的情妇——埃及女王克利奥帕特拉的石榴裙下。克利奥帕特拉不仅是一个能干而大胆的女人，而且也是一位传统政治的继承人，她通过把罗马帝国并入自己的统治之下，从而把埃及带入了罗马帝国。至于安东尼，他只能说是一个低一等级的恺撒。从另一方面来说，奥古斯都倒是个一流的政治家，他是恺撒的养子，他控制了其剩余的军队。他在意大利煽动民众反对安东尼及其埃及情妇的民族情绪和共和主义情绪，但是在公元前31年的亚克兴战役中打败了他们之后，奥古斯都又不得不对付另一个由他引来的魔鬼。后来，在共和主义与君主制度之间达成一种诡异的妥协，这种妥协被称为元首制，它保留了下来，其间又恢复到了恺撒的模式，并逐步向彻底的专制统治退化，直到公元3世纪爆发了一场大规模军事叛乱才结束了这种局面。这时，罗马的政府体制与希腊—罗马文明一起，开始了极速的衰落。250年来，六千万人在恪守规矩的政府领导下享受了和平和物质幸福。他们伐掉森林，把沙漠变成花园，建造了成百上千的城市，为正义和伟大建立了不朽的纪念碑，这些从罗马一直渗透到了全世界。接下来，在数十万本国，以及野蛮人的大军面前，他们成了虚弱的囊中之物。罗马帝国的衰亡是人类历史上最大的悲剧。

在实行元首制期间，君王或皇帝的意志似乎是所有行为（不论好坏）的依据。每一个人的命运和幸福，显然取决于君主的意志和品格。所以，在这个时代，人们自然会对传记感兴趣。普鲁塔克既是他所生活的那个时代的"记录者"，也是他所怀念的希腊—罗马世界的一个"叛逆者"。

文艺复兴

默里·安东尼·波特①

　　文艺复兴之前的那段时期，曾被称作"黑暗时代"，直至今天也依然被这么认为。一个不可否认的结论是：一段光明时期总是紧跟着一段黑暗时期。黑夜的面纱渐渐被撕开，世界便会因灿烂的阳光而欣喜，并带着无限的活力开始新的工作。但是，那段被恰当地称作"中世纪"的时期，它的黑暗更多是因为那些给它取了这样一个可怕名字的人视觉出了问题。同理，如果我们把文艺复兴时期称作光明时代的话，那是否只是因为它的魅力使我们陶醉呢？说到底，文艺复兴是中世纪的产物。

　　中世纪最沉重的一个负担便是蒙昧主义，而蒙昧主义最大的影响就是会"阻挡启蒙，或妨碍知识与智慧进步"。它并没有随着中世纪的结束而结束，而是贯穿了整个文艺复兴时期。它小心翼翼，目不转睛地紧盯着那些视它为仇敌的人，一旦他们因为年迈或体弱而

---

　　① 默里·安东尼·波特（1871—1915年），语言学家，1901年执教于哈佛大学。主要著作有《索拉布与鲁斯坦》（*Sohrab and Rustam*，1902）。

士气低落时，便跳出埋伏去袭击他们，因此它在 16 世纪大获全胜。只要有人存在的地方，就有蒙昧主义的存在；迷信也一样；恐惧，以及根深蒂固的邪恶，都不可能死去。它们的蛰伏只是暂时的，终究有一天会更加猛烈地爆发出来。如果你高兴，似乎你也可以有条理地把文艺复兴时期描绘得比中世纪还要黑暗。马基雅维利、美第奇家族和博尔吉亚家族，长期以来都被认为是以极其可恶的形式表现罪恶。看到这些对事实的各种夸大和歪曲，便可见文艺复兴并不是描绘中的黄金时代，那些恐怖的场景，跟疯子的噩梦比起来毫不逊色。但它也是一个光明的时代。即便是太阳也有斑点存在，文艺复兴时期的光明因为有了阴影反而显得更加强烈。

文艺复兴时期的个人主义

没有一个时代可以用一句话来准确地进行定义，但它提示了这样一个说法：文艺复兴时期是发现人的时代。补充一句很重要的话：它不只是发现一般意义上的人，更是发现人的个性。当然，中世纪就有大量很具个性的人。比如，大贵族格利、图尔的圣格列高利、查理曼大帝、利乌特普兰德、阿伯拉尔和克莱尔沃的圣伯纳德就是最好的例子。文艺复兴的不同之处在于：人们普遍认识到了个体的完美如此重要，并渴望使同时代人和后代认为自己与众不同。

可以说（当然也有一定的夸张成分）中世纪的人就像柏拉图描绘的穴居人，终于成功地出现在阳光之下，于是他们变成了文艺复兴时期的人。所见到的一切都让他们欣喜万分，同时也被广阔的远景所吸引。就好像现实世界束缚了他们一样，他们一定要去发现理想的王国。因为，他们既生活在现在，也生活在过去和未来。

古典时代的复活

学者们带着探宝者一般的狂热，在法国、瑞士、德国、意大利和东方四处寻找手抄本和古代文物，他们的成功所掀起的最大的狂潮莫过于他们发现了黄金国。通向古代的大门一扇接一扇被打开，人们蜂拥而上进入大门，渴望更多地了解他们的偶像，渴望从他们那里获得他们的中世纪老师无法提供的信息。但依然有些人是如此目眩神迷，如此温柔顺从，以至于他们不能摆脱被奴役的命运，而是只选择了新的主人；因为，他们毕竟是比较仁慈的主人。

早在安德鲁·朗格之前，彼特拉克就曾写信给那些已故的文坛巨匠。谈到西塞罗，他说："不考虑那段把我们分开的时间距离，我十分熟悉地向他致敬，这种熟悉源自我对他的天才所产生的共鸣。"在他写给李维的信中，他说："我真希望（要是上天允许的话），或是让我生在您的时代，或是让您生在现在这个时代；在后面这种情况下，我们这个时代会因您的存在而更加绚丽，如是前面一种情况下，那么对我本人更加有益。"蒙田说，他从童年时代起，就是在故人的陪伴下长大的，他早就了解罗马的东西，并且在自己家里拥有任何一件罗马的东西之前；在认识卢浮宫之前，他就已经了解古罗马的主神殿；在知道塞纳河之前，他就了解台伯河。

文艺复兴时期的好奇心

迷恋古代的行为看上去有些让人不可理解，但这种迷恋包含了文艺复兴时期的人对整个世界、对自己、对国家，以及对遥远和邻近民族的浓厚兴趣。彼特拉克喜欢讲述印度和锡兰的趣闻逸事。他的身体里流淌着吉卜赛人的血液，也害怕时光从他所钟爱的书中悄悄溜走，因此他一直是一个"遥远的"炉边旅人的最好实例，他在自己的书房里神游，这就免去了天气的莫测与旅途的艰险带来的困扰。

蒙田"像鸭子一样喜欢雨和泥"，并有着超人一般的人格力量。他说："大自然把我们放在这个自由而不羁的世界，我们却把自己囚禁在一些困难中。""依我看，旅行是一项非常好的活动；在旅行中，灵魂可以一直观察新鲜的未知事物，不断让它接触到诸多的如生命、幻想和习俗所表现出来的多样性，让它尽情欣赏这些不尽的、种类繁多的人类天性的形式，我经常说，我不知道，在枯燥的生活中是否还有比这更好的学校。"

所以，文艺复兴时期的人通过各种不同的渠道获得了大量的信息，并且记住了它们；关于他们无穷尽的记忆，讲多久也讲不完。重要的是我们要知道，他们用这些史实来做什么，他们对史实的激情，会像守财奴对黄金的激情？是没有受过教育的野蛮人对那些闪闪发光、色彩缤纷的珍珠的激情？

每一个事实都是令人愉快并且利于健康的。令文艺复兴时期的人永远自豪的是，他们注重事实的价值，并且不遗余力地要获得事实，因此他们牢牢地抓住现实。他们再也不会只看事物的表面现象，正如但丁所说的那样，他们锐利的目光可以穿透骨髓。比但丁晚二百多年的马基雅维利曾抱怨，与他同时代的人都喜爱古物，却没能从其承载的历史所隐含的教训中有所收获。但马基雅维利的话也并不被完全认可。文艺复兴时期的人都是温柔的园丁，在他们充满爱心的浇灌下，每一个事实，每一种理论，每一个暗示，都在发芽、开花、结果。

当然，他们当中也有些人开始意识到了时代精神中那种多面性的局限。皮埃尔·保罗·弗吉里奥在回顾了这一时期学术研究的主要分支之后声称：文科教育并不代表着要人们熟知所有学科。"因为，即便只是透彻掌握其中一门学科，也足以成为毕生的成就。我们当中大多数人必须学会正确认识自己的能力，就像满足于适度的财富一样。比较明智的做法大概就是从事那种最适合我们智力和品位的研究，不过有一点倒是不可否认，如果我们不能认识到一门学科与其他学科之间的关系，我们就不能全面地理解它。"这些话很可能是今天被留下的，但它们也适用于文艺复兴时期。不过，在这样一个时期，这些话似乎过于谨慎，甚至有些胆怯，因为这一时期有那么多不仅是成就斐然的研究者，还有声望卓著的作家、精明能干的公务员和政治家、艺术鉴赏家、画家、雕塑家和建筑师。只要他们想做，就什么事情都能成功。

发现的时代

每一个兴趣在这一时期都得到了充分发挥。在追求完美的过程中，人们需要一个更加丰富的环境。文艺复兴时代是一个大发现的时代，也是迪亚士、哥伦布、瓦斯科·达·伽马、韦斯普奇、卡伯特父子、麦哲伦、弗兰西斯·德雷克等人的时代，与只是为了满足自己的好奇心而旅行的人比起来，这些人的旅行是向着一个更为艰难的目标进发的。

同样实用的是对天文学的研究。长期以来，星星一直被认为是天空中明亮的指路明灯，是引导人类走向终极目标的向导。对它们的研究结果甚至决定了个人和民族的命运。因此一个聪明的人，理应向它们致敬。研究大自然的奥秘和作用，不仅要理解它们，而且还要让它为自己的研究服务。虽然有过很多次失败，但如果说文艺复兴时期是浮士德的时代的话，那么，它也同样是哥白尼的时代。

在研究世界、天文、过去和未来的时候，文艺复兴时期的人认为自己的研究对象是被创造出来的东西，于是他自己便担负起了创造者的角色。为了逃避这个复杂的世界，他创造了田园牧歌中的阿卡狄亚，那是成人的童话世界。虽然它现在几乎已经从我们的认知里消失了，但它动听的乐曲和醉人的芬芳却依然在空中飘荡。另一个对现实世界不满的表达则相对现实一些，这就是理想国、太阳城与乌托邦的创造。

对美的崇拜

欣赏美的人现在都对文艺复兴时期的乌托邦敬而远之，但实际上那个时代的人对美持有一种超乎想象的喜爱态度。美渗透到他们的骨血中，是一位永远备受青睐的贵客。但丁在他的第一篇颂诗的序言中说："颂诗！我相信，很少有人正确地理解你的意义。你对美的描述是如此精妙而细腻。因此，如果你恰巧走到那些并不能正确认识它的人面前；那么，我请你一定要再次勇敢地对他们说：啊，我亲爱的听众，'请注意，至少，我是这样美丽。'"很多文艺复兴时期的人对美的崇拜走向了极端，那就是他们在作践自己，委身于美。但大多数人依然保持了健全的心灵，尽管受到怀疑的折磨。尽管屡次跌倒，但还是成功地使自己有资格跟上帝对话。

最后，有人可能会这样问：文艺复兴时期是否不仅是一个暴风骤雨的时期，不仅是连接中世纪与现代中间的一条纽带？与很多时代一样，它也是一个过渡的时期，不过它是一个有着辉煌成就的过渡期。如果有人对此表示怀疑，他只需回忆一下那份令人无法忘记的名单中的几个名字：彼特拉克、薄伽丘、阿里奥斯托、马基雅维利、拉伯雷、蒙田、卡尔德隆、洛佩·德·维加、塞万提斯、莎士比亚。在这份名单中，但丁凭借他跻身于维吉尔与荷马的行列时所表现出来的那种沉稳和自信，取得了他人无可取代的地位。

法国大革命

罗伯特·马特森·约翰斯顿[1]

法国大革命在短短五年的时间里，即从 1789 年 5 月 5 日到 1794 年 7 月 27 日，集合了人类所能想象出的最富戏剧性、最令人厌恶、最振奋人心、最恐怖、最光荣和最令人难过的一切内容。关于这场革命，绝对没有中间地带，一切都是极端的，人的情绪也随之上升到了最激烈的集体表达，表达饥饿、屠杀、压迫、暴政所带来的巨大痛苦，表达决定性的行动和勇攀高峰所带来的欣喜，站在这样的巅峰之上，可以清楚地看到自由和进步正在希望的地平线上向人们飞奔而来。这就是为什么法国大革命比法国历史上任何其他时期的革命都更加让读者欲罢不能的原因。法国大革命设置了崇高的界线、卑贱的界线，潜藏在他自己身上没有得到发展的，或是从未表达出来的一切的界线。

---

① 罗伯特·马特森·约翰斯顿（1867—1920 年），历史学家，1908 年起担任哈佛大学历史学教授。主要著作有《拿破仑传》（*Napoleon：A Short Biography*，1904）、《法国大革命》（*The French Revolution*，1909）和《神圣基督教会》（*The Holy Christian Church*，1912）等。

大革命的反差

想要试图解释这样一场运动是很困难的。即便是有着强烈博爱胸怀的卡莱尔，也无法捕捉到那个不幸女人的身影。于是在一个阴沉的秋日傍晚，她拖着沉重的脚步穿过巴黎空荡荡的街巷，眼神里满是饥饿和绝望，机械地不断敲打着她的那面鼓，悲伤地叹道："Du pain! Du pain!"（面包！面包！）那羸弱的身影透着心酸。想要把波旁王族从凡尔赛彻底赶出去，使巴黎恢复成为法国的首都，并通过这个改变，使法国历史的整个潮流彻底改变方向——离开它流淌了两个世纪的河流。这就是反差，是随处可见的困难。米拉波是一个昏庸而堕落的人，他的罪行直接侵扰着人民，但同时他也是一个有着宏伟计划的政治家，他的眼睛总能准确地穿透时间的面纱。夏洛特·科黛只是一个来自乡下的单纯的普通的年轻女人；然而她却把一把锋利的刀子捅进了马拉的心脏，并以英雄般的姿态，照亮了一场可怕危机的幽暗之处。

大革命的历史

关于法国大革命，有一个看似奇怪的问题，但是当你一遍遍思考这个问题的时候，它似乎又不是那么奇怪了，这就是：没有一部杰出的大革命史。有三本优秀的书，分别是米什莱、卡莱尔和泰纳的著作。这三本书都具备成为名著的条件，既有知识性的，也有艺术性，这决定了在相当长的一段时间里保存下来。可是，其中任何一本都不能让现代的读者完全满意，无论是它对事实的叙述，它的文学方法，还是它所蕴含的精神品格。对历史学家来说，眼下趋势是把他们的注意力集中在这场运动中数不清的细枝末节上，想要从每一个方面或细节中找出一个合适的对象，需要充分运用他们的勤奋，发挥他们的才智。从这一点来看，在这里我们最好的做法，或许是从大革命的角度出发探讨一下法国和英国的反应，尤其那两本名作：伏尔泰的《哲学通信》，以及伯克的《对法国革命的反思》。

观念的革命

18世纪初叶见证了法国的一次观念的巨大改变。路易十四的去世，摄政王菲利普·多莱昂公爵的掌权，使辉煌的凡尔赛宫曾经拥有的庄严威望全都烟消云散，并使一位智慧、幽默的浪子成为法国的统治者，而他对壮观的排场和刻板的礼仪不以为然。他按照自己那略显粗鲁的方式享受生活；他参与赌博，鼓励用证券交易进行投机；他放开了对言论的限制，解开了套在朝臣们脖子上的绳子——路易十四曾经用它们束缚他那个时代的文人们。法国的作家们立即冲上了政治讽刺与批评这片无垠的战场。1721年，孟德斯鸠用他的《波斯人信札》打响了这场战役的第一枪，1734年，伏尔泰用他的《哲学通信》紧随其后。于是，有许多学者纷纷追寻这些作家们的踪迹。

伏尔泰的勇敢

　　孟德斯鸠对旧秩序的猛烈抨击之所以能够顺利进行，是因为他用辣椒酱把它的味道调得更加浓烈了，这正符合摄政王那早已腐败的口味。而伏尔泰的书，情况却并不那么乐观，它立即被宣告有罪；当局下令逮捕作者，并扬言要把他关进巴士底狱。为了保全自己，伏尔泰不得不选择逃亡。然而在现代读者看来，《哲学通信》却是十分温和的著作。

　　只有以法国当时所存在的政治专制为背景，你才能体会到《哲学通信》的大胆。书中，伏尔泰以清新的风格描绘了他对英国的印象，但他模仿了那个扔球的人：把球扔向远处的某个目标，然后试图在它反弹回来的时候抓住它。虽然笔下写的是英国，但他影射的却是法国；在英国的习俗和制度中，他寻找着能够从中衡量本国习俗和制度的范本。

　　总的来说，伏尔泰更喜欢他跨过英吉利海峡探访的这个陌生民族，虽然他毫不避讳地做出结论：他们的哲学、文学和气候会直接导致抑郁症。在他看来，英国是个计人满意、繁盛、有秩序和政治开明的国度。君主政体受到了坚固的议会体制的制约，特别是在信仰问题上较为宽容。他坦率地表示赞许和钦佩，并号召他的同胞们进行效仿。在他看来，英国是在当时最值得称赞的榜样。但不应忽视的是，他显然畏惧严格意义上的政治问题，因此他总是选择通过宗教的迂回之路，来表达他对宽容的诉求。

一个英国人对大革命的看法

半个多世纪之后，在伯克那里，我们看到了最强烈的反差。伯克不赞颂任何东西，他对一切都进行谴责；他总是预见最坏的结果。首先，大革命现在已经爆发。当骚乱迅速蔓延的时候，当国民会议为了打击波旁王族的无动于衷和冷漠而采取破坏性政策时，它最好的方面已经变得不那么重要了。法国似乎即将面临无政府状态的危险局面。在伯克看来，这比造成这种混乱的长久的暴政更加令人不能容忍。他是个上了年纪的老人，也因此比年轻的时候更加保守。在他看来，威廉三世和辉格党人的光荣革命似乎才是完美的楷模，英国的议会制度才是理想的政府模式。巴黎的动乱和国民会议采取的方法使震惊，他感到了伤害，于是他奋力反抗，并希望捣毁它们。确实，他也承认，他没有资格评判："我并不能装作如同另外一些人那样正确地了解法国。"所以，他把自己定位成一个辩护者的角色。他对大革命的反对之声震撼欧洲的法庭，几乎在每一个让人产生疑虑的地方做出了令人信服的辩驳。直到今天，他的反驳依然是针对现代法国缔造者们的最有力的指控。伯克的书之所以能获得成功，在某些方面归于这样的事实：即书被出版之后，紧随其后便是"恐怖统治时期"，它更有力地证明了作者的论点；但更要归功于它宏阔而高雅的风格，尽管多少有点言过其实。

伯克论玛丽·安托万内特

"从我在凡尔赛宫见到法国王后（当时还是太子妃）以来，距今已十六七年的时间；我想从未见过比她更令人赏心悦目的尤物降临在这个她初次到访的星球。我看到她在地平线之上，鼓舞着这个她刚刚归属其中的冉冉升起的星球——像星星一样绽放光芒，充满生命力和喜悦！怎样一场革命啊！我需要拥有怎样一颗心灵，才能完全理智地凝视它的上升和降落！当她把崇敬的称谓添加到那热烈、遥远、谦恭的爱之名义上时，我无论如何也不曾想到，她将不得不拿上好的解药去化解那深埋胸中的耻辱；我做梦也不曾想到，我会在有生之年看到，在一个有着英勇男儿的国家，在一个荣誉至上的国度，在一个崇尚骑士精神的时代，这样的灾难竟会降临在她的身上。我本以为，即使是看到有人威胁要冒犯她，也应该会有无数把宝剑脱鞘而出。可骑士的时代已经一去不复返了。诡辩家、经济学家和阴谋家的时代随之而来，欧洲的荣耀已经不复存在。"

就这样，伯克孤傲地俯看着法国的灾难，而伏尔泰则满怀敬佩地仰望着英国的繁荣。一个世纪之后的我们，在感叹他们作为文人的超凡脱俗的同时，或许能认识到，作为思想家，他们也许与自己研究的对象过于紧密了。伯克的论点虽值得欣赏，但不能令人信服；而伏尔泰的论点却恰恰证明了下面这个观点：他对英国人的赞美，明显是建立在无法理解他们的基础之上的。

美国领土的扩张

弗雷德里克·杰克逊·特纳[①]

扩张是美国生活的原则。在记录美国连续兼并其他领土的那些条约中，我们可以读到这个民族逐步获得物质基础的过程。从面积和资源来说，这个基础不是与哪一个欧洲国家相比，而是与整个欧洲相比。如果把一张美国地图放在一张按同样比例绘制成的欧洲地图之上，如果把旧金山放在西班牙海岸线上，佛罗里达就会覆盖巴勒斯坦的土地，苏必利尔湖就会与波罗的海南岸紧密相连，新奥尔良在小亚细亚海岸的下方，而北卡罗来纳海岸几乎与黑海东端重合，整个西欧地区会超出密西西比河，那是 1783 年美国的西部边界线。这些条约记载着美国获得如此巨大领土过程的各个阶段，而这片领土的面积相当于黑海以西的所有国家面积的总和。

[①] 弗雷德里克·杰克逊·特纳（1861—1932 年），20 世纪初美国最有影响的历史学家之一，以其对美国边境地区的研究而著称于世。1911—1924 年任哈佛大学历史学教授。主要作品有《新西部的兴起，1819—1829》（*Rise of the New West*，1819—1829，1906）、《美国历史上的边疆》（*The Frontier in American History*，1921）和《地域在美国历史上的重要性》（*The Significance of Sections in American History*，1932）等。

新国家的边界

在 1763 年的和平之后，13 个殖民地摆脱了对法国进攻的恐惧，纷纷宣布独立。美国不顾西班牙的愿望，甚至不顾来自独立战争中法国盟友的压力，通过 1783 年的条约从英国那里取得了更广阔的疆域，边境界线沿五大湖地区延展，西至密西西比河，南至佛罗里达。除此之外，美国还得到了密西西比河的通航权。西班牙则从英国手里收复了它在独立战争期间占领的佛罗里达。

但这些边界的扩大仅仅是一纸空文，因为实际上英国并没有放弃它在五大湖地区的军事控制，同时还声称美国没有执行条约中关系到亲英人士和债务的条款，而加拿大的官员则鼓励印第安人穿过俄亥俄地区，去阻挡美国人前进的脚步。同样，西南部的西班牙殖民地并不承认英国有权把阿勒格尼山脉与密西西比河之间的领土割让给美国，并凭借它占据着新奥尔良，并拒绝交出密西西比河的通航权。在这段并不牢固的结盟时期，西班牙还鼓动肯塔基殖民地和田纳西殖民地的领导人，试图让它们摆脱联邦管制；并且像英国一样，利用自己对印第安人的影响力，阻挡美国人前进的步伐。

在华盛顿执政期间，印第安战争正在俄亥俄北部如火如荼地进行，法国大革命爆发后，使得英国开始怀疑美国对印第安人的远征实际上是要攻打它留在五大湖地区的军事据点，并且还担心美国有可能会协同法国对它发起攻击。1783 年，法兰西共和国停止了它与西班牙之间具有深远历史的同盟关系，准备让美国政府与美国西部地区居民加入攻打佛罗里达和路易斯安那的战争中来。

这些就是 1794 年促使约翰·杰伊受命出访英国并与其缔结条约

的重要条件，根据《杰伊条约》，英国最终同意放弃西部的军事据点。

密西西比河之争

出于对英美结盟前景的担心，西班牙不仅于 1795 年在巴塞尔与法国结盟，而且还通过当年的《平克尼条约》承认了美国在密西西比河的边界，同时连同该河的通航权一并相让。这一让步对密西西比河流域的繁荣起到了决定性的作用，因为通过这条河流，让移民者们的剩余农产品有了市场。

到 1795 年，有一点已经很明显了：在美国人向西挺进的过程中，给与之竞争的欧洲国家不断带来威胁，干涉美国内政，骚扰西部边民，这就使美国随时都可能成为欧洲国家体系中一个纯粹附庸国。一半是为了稳固美国对自己的这种依赖，一半是为了帮它的西印度群岛获得一个粮仓，法国如今催促西班牙交出路易斯安那和佛罗里达，并承诺对它们进行保护，抵挡美国的前进。在法国领导者们的眼里，阿勒格尼山脉好像是最合适的美国边界。终于在 1800 年，拿破仑对西班牙的控制达到了这种程度，使得它不得不把路易斯安那的控制权交给自己；在等待法国军队到来的这段时间，西班牙在新奥尔良的行政长官对美国封闭了密西西比河的商业，西部地区一片哗然。这里居住的人口已经超过 38 万，他们威胁要用武力占领新奥尔良。就连爱好和平的备受法国人喜爱的杰斐逊总统也暗示：他会适时寻求时机跟英国联合，要求法国交出密西西比河口，并声称，凡是占有那个地方的人都是他们不共戴天的敌人。考虑到将面对英国强大的海上力量并遭到美国士兵进攻的这一现实，拿破仑终于认识到，试图占领新奥尔良并不明智。于是，他索性通过 1803 年的《路易斯安那购买条约》，把整个路易斯安那地区扔给了杰斐逊，也因此给自己的国库补充了一千五百万美元，并跟美国成为朋友，而且通过将其领土翻倍，以及让它接管北美大陆大动脉的控制权，这使一个伟大国家走向辉煌成为可能。

落基山脉的扩张

西部扩张的胃口越来越难以满足。俄亥俄河谷想得到加拿大，南方想得到佛罗里达，英国对西班牙政府施以压力。正是在西部，打响了 1812 年战争的第一枪。在 1814 年的和平谈判中，英国希望能在加拿大与俄亥俄河流域殖民地中间建立一个印第安地区的中立地区，但美国根据条约保住了它从前取得的领地。根据 1818 年的协定，两国把加拿大与美国之间的边界从伍兹湖沿着北纬 49° 线延伸至落基山脉，而针对有争议的俄勒冈地区，商定分别向每个国家开放固定的年限，但同时不能威胁另一方的利益。

获得佛罗里达和得克萨斯

同一年，美国加紧逼迫西班牙交出佛罗里达。联邦政府宣称，西佛罗里达和得克萨斯是路易斯安那购买案的重要组成部分，1810 年和 1812 年，美国陆续吞并了前者。尽管未经授权，杰克逊将军还是于 1818 年成功地进入佛罗里达，这让人们清楚地看到：只要美国愿意，它就完全可以占有墨西哥湾的那块领土。也许是因为美国的威胁，1819 年，西班牙拱手让出了佛罗里达，并在它的领土与美国的领土之间划了一条不规则的分界线，只把得克萨斯及西南地区的其他地方留给了西班牙。之后便是 1823 年承认那些独立共和国，从那以后，美国在获取内陆领土的问题上就必须得跟墨西哥而不是西班牙打交道了。1824 年俄罗斯收回了对北纬 54°40′以南的领土要求，作为之前的一系列谈判的结果和对欧洲干涉西属美洲前景的考虑。1823 年，门罗总统发表了著名的"门罗宣言"，宣布美洲大陆从此脱离欧洲的殖民统治，也不接受欧洲以压迫或控制它们为目的而进行的任何干涉活动。

1830 年初，美国的传教士进入了俄勒冈地区，哈得逊湾公司当时在英国的保护下掌管着这一地区。美国的移民者，大多是密西西比河流域劳苦而又勇敢的边境居民的后代，还在墨西哥的得克萨斯地区设立了移民点。1836 年，得克萨斯人揭竿而起，正式宣布独立，同时请求并入美国。1842 年的《韦伯斯特—阿什伯顿条约》解决了东北边界的问题，但俄勒冈的命运依然被搁置。就在同年，美国农民的一场大规模移民开始了，他们穿越平原，翻过大山，进入了遥远的土地，而美国和英国的关系也因此变得剑拔弩张。在得克萨斯，这还牵涉了欧洲的利益，从得克萨斯共和国成立到它被并入美国的版图，这期间的很长一段时间里，英国和法国利用它们的影响力保持了得克萨斯相对的独立性。但与此同时，加利福尼亚则让人担忧，因为英国已经对它表现出了兴趣，而此时的墨西哥，也已经被国内的纷争搞得分崩离析，只能眼看着那些偏远省份即将从它那双软弱无力的手中溜走。

关于奴隶制的争论，如今则被美国扩张的趋势所打断，因为，就在南方对相对独立的得克萨斯有可能被归于英国的保护之下而发出警告，并随时可能把它吞并的同时，那些为奴隶制的扩张和创建新蓄奴州的命运而忧心的北方辉格党人和反奴隶制人士，则坚决反对在西南部进一步获取更多的领土。在 1844 年的大选中——这次选举是围绕"收复俄勒冈和吞并得克萨斯"这个问题展开的——波尔克最终赢得总统一席，他是田纳西州人，这一事件包含了具历史意义的扩张精神。根据 1845 年国会的联合决议案，得克萨斯作为一个州被正式并入美国。这时，正值波尔克宣布就职前夕，同时也在他做出一个重大决定之后，这个决定便是：如果墨西哥把这次吞并作为今后发动战争的理由，那么，它将不得不把加利福尼亚及西南部的其他地方也交给美国，来换取和平。

向太平洋进发

波尔克通过 1846 年的条约，在俄勒冈问题上与英国达成一致，同意将北纬 49° 线作为边境，虽然他的竞选宣言是"要么是 54°40′，要么就是战斗"。同一年，墨西哥战争爆发了，这场战争以美国军队占领了加利福尼亚及中间地带领土而结束。

伴随着飘扬在墨西哥首都上空的美国国旗，一场轰轰烈烈的运动就此展开，其目的是要占领墨西哥本土，或者至少是占有额外的领土。1848 年的《瓜达卢佩—伊达尔戈条约》从吉拉河的河口直至太平洋划出了一条分界线。在一个要求拥有一条通向太平洋的南方通道的鼓动下，发生了 1853 年的加斯登购地案，美国借此获得了吉拉河南岸的一条地带。

1846—1853 年，美国陆续吞并了超过 120 万平方英里的领土。1848 年，在加利福尼亚发现黄金，而许多的贵重金属、木材和农业资源，也相继在这个广袤浩瀚的新帝国被发掘出来。但最重要的还有一个事实：美国终于在太平洋沿岸扎下了根，也是在那里，它将面临被卷入太平洋及亚洲海岸斗争中的命运。

在 1850 年的妥协案中，南方被剥夺了从这片领土中受益的权利，它希望通过吞并古巴开辟新的市场，但结果一无所获。不过这些地区之间的竞争所引发的内战，消耗了整个国家的元气。在内战快要结束的时候，曾经在英法两国举棋不定时给予北方以道义支持的俄罗斯提出把本国的阿拉斯加地区卖给美国，这项提议得到一致认可。在国务卿西华德的努力下，相关条约于 1867 年获得批准，根据这一条约，美国的领土又进一步增加了将近 60 万平方英里的面积。

在内战之后 30 年左右的时间里，美国的精力主要在对这些广阔土地的经济征服上。1892 年，人口普查部门的负责人宣称，不断扩展的移民点的外部边缘所限定的边界线已不能描绘出人口地图了。殖民化的时代正在走向终结。免费的土地正迅速被人占领，美国日益接近稳定国家的状态。

海岛领地和巴拿马运河

在这期间，长期的扩张行为通过美西战争和海外领地的获取而呈现出一种新的形式。正是 1898 年美国承认古巴独立和插手攻打西班牙的行动，引发了美西战争。战争伊始，对海上军事加强的需要便导致美国对菲律宾群岛、波多黎各和古巴的征服。而实际的战略情形还使得 1898 年对夏威夷的吞并变得更加容易。

1898 年的"和平条约"使西班牙不得不交出了菲律宾群岛和波多黎各，并从古巴撤军，于是古巴在 1902 年美国军队撤军之后获得了自治。

战争中发生的一系列事件，特别是俄勒冈号从太平洋海岸启程、绕过合恩角、去参加圣地亚哥海战的那次富有戏剧性的航行，推动了长期以来是否由美国来建造巴拿马运河的争论。美国在太平洋地区的势力进一步扩大，使它在加勒比海地区不断吞并新的领地，并在太平洋沿岸地区不断取得惊人进展，因此运河也成了一条不可或缺的交通要道，它几乎成了美国海岸线的重要组成部分。根据 1901 年的《海—庞斯福特条约》，英国清除了 1850 年《克莱顿—布尔沃条约》的种种阻碍，美国也因此得到了法兰西公司的各项权利，但这家公司没能实现打通巴拿马地峡的任务。当哥伦比亚在 1903 年不同意签订有关运河的条约时，巴拿马爆发了一场革命。罗斯福总统出人意料地在第一时间承认了巴拿马共和国，并从中获得了一份他梦寐以求的条约——于 1904 年接管运河区及其他各种权利。

就这样，在 20 世纪初的时候，美国逐步削减西班牙帝国实力的过程达到了顶峰。这个曾经不被人注意的大西洋殖民地赢得了一片横跨美洲大陆的宽广土地，并在加勒比海、太平洋，以及亚洲海岸外得到了一些附庸国，现在它又打算利用巴拿马运河把两个大洋连接起来。

哲学
philosophy

哲学总论

拉尔夫·巴顿·佩里[①]

> 神圣的哲学是如此令人喜欢！
>
> 不像愚昧人所以为的那样枯燥、艰涩，
>
> 它像阿波罗的箫管音乐一样婉转，
>
> 又像是堆满美果佳肴的不散筵席，
>
> 不是暴食者统治之地。[②]

自从弥尔顿这样毫不掩饰地表达了对哲学的赞美以来，哲学便成功地摆脱了它那"枯燥、艰涩"的名声。所有对经院哲学、中世纪哲学和弥尔顿时代的既定哲学有所了解的人，都会默默在心里赞同那些"愚昧人"的观点。但在最近三个世纪的时间里，哲学，尤

---

① 拉尔夫·巴顿·佩里（1876—1957 年），哲学家，1913—1946 年在哈佛大学担任哲学教授。主要著作有《道德经济》（*The Moral Economy*，1909）、《价值通论》（*General Theory of Value*，1926）、《清教与民主》（*Puritanism and Democracy*，1944）和《人性》（*The Humanity of Man*，1956）等。

② 弥尔顿著. 朱维之译，《弥尔顿诗选》第 78 页，人民文学出版社，1998 年。

其是英法哲学，在形式上变得越来越自由，越来越充满想象力，越来越富有自我表现力。然而，今天那些批判和贬低哲学的人又提出了新的理由。他们之所以跟哲学过不去，不是因为它没有美感，而是因为它不切实际。阿波罗的诗、琴、音乐本身就不切实际，因为它太不实际，又太遥远，很不适应一个讲求效率和推崇常识的时代。

哲学与效率

我衷心地希望，能够站在效率和常识的立场上向大家推荐哲学。这样，你们才会倾听、理解和相信我。我也能轻松地赢得读者的信任。只要我这样说："请看！哲学在当下已经成了平凡朴实、讲求实际的务实之理。"换一种说法："如果你想有一番作为，那么来试试哲学吧。它会帮助你制造和营销，帮助你打败竞争对手，使你做任何事情都很事半功倍。"如果我向你说出这样的话，那么你的本能和固有的观念肯定会让我赢得你的赞同，但那是欺骗你。因为这样一来，我向你推荐的就明显不是哲学了。因为事实上，哲学既不平凡朴实，也不讲求实际；而且，它也并不是使人成功的手段，如果这里所说的成功是人们日常概念上的那种成功的话。这就是事实，不是偶然如此，而是从根本上就是这样。哲学的立足点就存在于常识的不可靠中，以及对世俗成功标准的武断中。哲学是这样一种东西：你必须进入它的领域才能碰见它，你必须到它存在的地方去找它；如果你坚持要在路上遇见它，那么你遇到的根本就不是哲学，而是一种悲哀的妥协——打着哲学的名义或外壳，而灵魂却早已出窍。不管是谁，如果他不让哲学为自己发言，那他绝不可能真正理解哲学。如果说哲学是有意义的，那也是因为它对我们的生活贡献了某种与众不同的东西，那是某种独一无二的东西；而且，除了哲学本身所呈现的标准之外，人类是不可能再通过其他任何标准来权衡这样的贡献的。

哲学与常识

虽然我们不能通过常识来证明哲学，但至少我们可以把它跟常识进行比较。既然我们要承认哲学与常识有所不同，那我们可以充分利用这种不同。那么，到底何为常识呢？首先，有一点很明确：这不是一个对常识的质疑。因为常识所特有的一个属性就是：它一定不能被质疑，它应被视为本该如此。它由无数的确信所组成，而人们普遍承认这些确信是绝对可靠的；你不能提出任何对它们的质疑，而是要借助于它们来确定什么样的问题才能称为问题。它们是保守的意见，是坚不可摧的信念，人们把它们奉若真理，它们是人类推理的无意识的条件。作为一个有常识的人，我把常识视为生活的依据或思考的依据；它已经成了我和我的同胞们所达成共识的一种实际上和理论上的指导，而我根本不会花费时间去思考它。

现在假设，我们在某种天马行空的、毫无理性的精神状态下去思考常识。结果令人震惊：这个从未被质疑过的权威，轻而易举就被证明是非常容易出错的。它的魔力消失了。举一个明显的例子，这就是：常识也有它的历史，它也是不断随着时间和地点的变化而变化的。昨天的谬论却成了今天的常识，而昨天的常识如今已经不再被人记起，甚至变得诡异。16 世纪的异类是那个说地球是可以转动的人，20 世纪的异类是那个说地球是静止的人。由此可见，我们这样来反思常识，至少可以在一定程度上看出完全非理性的力量，比如，习惯和模仿。人们一直相信的，或一次又一次断言的，从这一事实中获得了稳定性。所以，在日后跟最近的或新鲜的东西相比，它总是更容易被人相信，并不会被怀疑。我们身边其他人所相信的东西，往往会有意无意地反映在我们自己的信念中，就像我们的言谈体现了我们生活环境中的某些特点和风格一样。甚至，一个曾经广为流传的信念，俨然已经成了不可抗拒的权威。它得到了民意的认可，就像任何约定俗成的或正规的东西得到认可一样。而对于那些提出质疑的人，人们往往带着含有敌意把他们看成不可靠的人，不可捉摸的人。"你绝对无法估计他们即将做什么。"甚至他们被当作会对公共治安产生威胁的坏分子而遭到迫害。我把习惯和模仿称为"非理性"的力量，我之所以这样说是觉得它们对真理没有特殊的尊重。它们既能证实和传播正确的思维方式，又以同样的方式证实和传播错误的思维方式。不遵循某些常识就一定会犯错。事实上，我们可以摆出很多理由，来证明常识确实是一位非常出色的导师。但即便这样，接下来还可以凭借其他的理由来证明有些常识是不符合逻辑的；因为它本身并不具备终审的权力。常识虽然稳定而流行，但也正是因为它的稳定和流行而受到批判。虽然我们不能绝对肯定，但它也许确实阻挡了真理的前进——通过陈旧和根深蒂固的东西以毫无根据的权威，关闭了我们的头脑不让新的阳光照射进来。

而哲学家恰恰是这样的人：他们会冒天下之大不韪，向常识发起挑战，坚定地与多数人为敌，目的是引导多数人来质疑由于惰性或盲目而曾被想当然的东西。他们是不计后果的批评者，是不可压制的反对者，他们不知道该在哪里停止脚步。他们有办法扼住人类的智力——当他们思考的时候，它就开始沉睡。每一个时代都有一次对哲学关注的热情，都有一次新的哲学运动，它们周期性地出现。有些有个性的或热爱思考的人，比如，苏格拉底、培根、笛卡尔、洛克或康德，总是喜欢摒弃旧思想，因为他们发现，虽然走老路更轻松，但如果你开辟出一条新路的话，则更有可能达到目标。这样的思想者，总是要求重新审视历史和旧的方法；他把自己摆在一个新的中心的位置，重新设定一个方向标。

所以，只要常识是习惯性的和模仿性的，哲学就无法对常识表示认同；但常识还有其他的特征，真正的哲学天才也与之相悖。只要思考一下那些站在常识的立场被用来表示赞扬或批判的词语，就会清楚地看到这些特征。当一些观念被指责为与常识相悖的时候，人们一般会怎么评价它们呢？我发现，有三个最惯用的批判形式：这些观念分别是"不切实际的""太普通的"或"无形的"。任何一个有常识的人都会感觉到这些都是谴责之词。它们同时暗示了可以被常识接受的观念应该是"实际的""特殊的"和"有形的"。为了矫正常识，哲学就必须要证明：这样的判断（不管是明显的还是隐喻的）绝不可能作为最终裁决。

哲学与实际

在通俗意义上，"实际"指的到底是什么呢？我先来举例说明：假设一个人被困在一座正在燃烧的大楼楼顶上，他的朋友们都在周围帮着想办法。一个朋友建议从旁边拿一架梯子过来；另一个朋友建议这个人爬到隔壁的屋顶上，然后顺着排水管下来。这些都是实际可行的建议。然而，第三个朋友却在追问，火灾是如何发生的，此人为何试图逃离。人们很快就让他闭了嘴，因为他的问题根本不是当务之急。或者，你也可以走近一个正在埋头做事情的人，并给他提出建议。你很快就会疑惑，你的建议到底是实际的还是不实际的。如果你发明了一样东西，比如一个物理装置或工业机械一类的，如果它可以使正在做的事情变得更快捷，那么这就证明你是个讲求实际的人，你就有被人们倾听的机会；但是，如果你问一个商人，他为何能做到不辞劳苦去赚钱，并对他的行为价值表示怀疑，他会"在工作之外的时间"去看你，但你已经没有可能再赢得他的信任。因此，"实际"的真正含义是跟你正在做的事情密切相关的。对成年人来说，有事可做、追求某个目标都是正确的。而实际的东西，就是对你正在追求的目标有帮助的事物；不实际的东西，就是除此之外的任何其他东西，尤其是对目标意义与价值的思考。而且，哲学家的建议通常是后者。人们觉得它对你正在做的事情提供不了任何帮助；而更糟糕的是，它有时还会妨碍你的行为。可见，它不适合工作的场所或时间。那么，还有什么好为它辩护的呢？回答是这样：重要的不只是前进，而是要向着正确的方向前进；不只是要把事情做好，而是要做值得做的事情。这很显然是人人都知道的，但却很容易被人们忘记。因此，哲学家的职责就是不断地提醒人们记住它，就是说服人们时常对自己的目标进行反思，并重新考量他们自己的生活方式。有了生活的哲学，也就有了它存在的理由，不只是你所选择的方式有了理由，而且你试图通过这些方式来实现的目标也有了理由。

哲学与一般化

常识还常常非难"太普通"的东西。在生活中，我们通常所面对的可以说是一种"情境"，而不是一种理论。人们更愿意依赖的往往是有经验的人，而经验一般被认为代表着熟悉某一些独特的事实。

在现实生活中，一个人真正所需要的不是一般性的概念，而是对具体环境的熟悉；一个人必须熟悉具体的环境和做法，而不是抽象的人和原理。历史学家总是纠结于含糊不清的文明和进步的观念；但更重要的事情是要弄清楚到底发生了什么。在个人的世界里，人们需要的不是空洞的经济价值理论，而是需要掌握当下的成本、工资和物价的具体知识。作为生活的一项必备技能，更重要的是要训练眼睛和双手，使它们能够熟练地辨别和工作，而不是训练理性和想象力。它们由于对广度和范畴的热爱而忽略了细节；有时，在它们对终极目标的探索中可能忽视了眼前要紧之事。常识也不会完全抵制一般化，它极其尊重知识，并知道如果没有一般化那么即使有知识也将无法存在。因此必须有规则，必要时甚至要有法则和理论。与此同时，一般化的精神倾向也必须得到抵制，因为一旦过了某一点之后，它就变得荒诞怪异，脱离事实，犹如"空中楼阁"。有常识的人，就会脚踏实地地来看待这样的思考。

可见，哲学之所以冒犯常识，是因为它的非普通化。因为没有谁能够在完全没有普通化的环境下进行思考，只是因为它不知道应该在何时停止。哲学家是必然要冒犯常识的，因为他不能止步不前。他可能仅仅是被"无聊的好奇心"所推动，想要看看自己在这条路上究竟能走多远。或者，他也许相信，只有对普遍原则的探索和研究才能构成最崇高的人类活动。他也许被这样的思想所激励。他的灵魂能否得到救赎，取决于他能不能跟事物的根本原因和终极理由建立起正确的联系。但不管怎样，他的职责就是阐述事物的本性所包含的最一般的观念。他不能受制于权宜考量所强加给他的任何枷锁。除非他能够比别人更全面、更综合或更深刻地思考，不然，他就会丧失自己的身份特征。他不代表任何一个具体事物或利益的局部群体，他是总体上的思想者。

哲学与明确

有一点很重要：事实通常被认为是"确定可靠的"，但普通化的观念则属于更加虚空或不确定的物质，因此常识的第三个判断标准，同时也是它的一个优点，就是"明确性"。如果我们追根溯源，就能知道所谓明确的，当然就是可以摸得到的。具有怀疑精神的托马斯是一个有常识的人。现在，我们在这里必须涉及人性中最原始和本质的东西。触摸是人类一种最原始的感觉，如果我们纵观活的有机体的全面历史，就会发现，正是"接触"的经验或感觉，在它们的潜意识中扮演了一个最重要、最必不可少的角色。能够与有机体接触的东西，就是一个实体；所以，实体或有形的东西是已知事物中历史最久远、最为人所熟知的实例。而其他所谓的事物，其身份则是值得怀疑的，大脑在跟它们打交道的时候并没有特别的熟悉感，也没有十足的把握。物理科学受到了常识的信任，因为尽管它也可能与实体有差距，并想象一些虚无缥缈的以太和能量，但它总是能从实体出发，最后又回归实体。人类的想象力不可能彻底拒绝做同样的事情，即便人类已经完全认识到它是不合理的。当然，上帝和灵魂都是一种精神性的存在，因为只有那样才会具有最高的权威。但是，当它们在普通人的头脑里，它们就又具有了肉身方面的特质，仿佛如果不那样的话，头脑在跟它们碰触时就会感觉很无助。

哲学并不抵触有形的事物。事实上，哲学必须要承认这样的可能性，说到底，一切真实存在的物质都是有形的。但与此同时，哲学必定还要指出：人们对有形事物的偏爱当中也包含着人类的偏见；它一定要尽最大可能地消除或减少这种偏见。哲学必须发展和保护那些能正确对待经验中的无形方面的理论，保护它们不至于被误解为"超出想象的"的东西。在之前的一代人眼中，哲学通常被称作"精神的和道德的"思想。这个说法虽说有部分的正确性，但并不是因为哲学把自己固定于精神和道德的范围，而是因为必须依靠哲学家才能恰当地认识这些东西，才能避免常识，以及在常识的基础上延伸出来的科学对有形事物的过分注重。

我们无意识的哲学化

哲学完全能够接受反对常识的各种意见，甚至有时以此自夸。因为哲学是不实际的、虚无的。但如果这些术语中所包含的批判是决定性的和终极性的，那么哲学就只能认输了。但哲学并不仅仅只是与常识为敌，它还试图把人们的思想从常识中解放出来，制定更权威的标准，并根据这些标准来验证其自身的正当性。

我本该说服你相信：哲学是一种奇怪的思想，你必须走出自己的家门，到它家里去寻找它，但我现在却试图说服你相信：你一定曾经在不知情的情况下接触过它。如果哲学此时正要进来，你必须从你的头脑里把那些曾经最习以为常的想法清除出去，不过，在你的头脑里，这一哲学也曾经是一位备受欢迎的同伴。只是那时你还年轻，而你的长辈又灌输给你一大堆常识，使你认不出那就是哲学。除非你是一个与众不同的孩子，否则你一定会对那个你知道的"世界"感到非常好奇；很想知道到底是谁创造了它，为什么要创造它，怎样创造了它，又怎样被创造成现在这个面貌，以及在那些超出你想象范围的遥远而朦胧的地方它会呈现什么样子。于是你长大了，并且在不停地成长，你逐渐学会了常识，或者说，是常识找到了你。

它像一道徐徐落下来的帷幕，把黄昏挡住，让你看得更明白，但必定也同样让你的眼界受到局限。从此以后，你开始意识到，自己童年时代的那些问题都是一些愚蠢的问题，或者是不切实际的问题，因为任何一个做事情的人都不会纠结于这些问题的。所以，哲学比常识更简单。当你回到这种最原始的好奇状态时，常识就显得不像成熟的启蒙，反而更像是僵化思想，是历经世事的世故和自大。公正地说，哲学的兴趣更自由，常识则更像是被某种带有职业特征的东西所困扰。

但同时还有另外一个更加重要的意义，在这个意义上，哲学在无意识中被你所接纳。它奠定了各种成年行为和兴趣的基础，而这些行为和兴趣的重要性则是被普遍认可的。当你反思这些行为或兴趣时，你就会认识到：它们的确需要依靠哲学。这一点在宗教方面体现得最为明显。我们所有人都置身于某种宗教传统当中，因此大多数人都是这一被视作天经地义的传统的主要组成部分。我们假设有一种生活方式，它无私、坦诚、坚强和友爱，我们不妨把它暂且当作最理想和最好的生活。我们假设，这种生活的价值高于世俗的成功；它预示着一种精神满足的状态，每个人都应该向往这种状态，也愿意为此付出所有的一切。甚至，我们可以假定，这种生活状态是全世界最有价值的东西。因此，我们就可以确定，是某个存在创造出了世界，并掌握了世界的事务，而这种完美的生活在这个存在的身上得到了最完美的印证。那么，对我们来说，上帝就代表了整个宇宙中至高无上的无私、友爱及诸如此类的美好化身。或者，我们可以说，上帝是一个这样的存在——他保佑那些无私而正直的人继承这个世界，并使其得到永恒的幸福。

怀　疑

　　现在，我们来观察当一个人产生怀疑的时候会有什么发生。一个人可能会怀疑理想的意义。与牺牲自我相比，一个人维护自我岂不是一件更有意义的事情么？一个不担心良心的不安、把全部力量看得比公正更重要的人难道不是一个伟大的人么？谁能评判这样的问题？肯定不是民意，也不是任何领域的权威，因为这些都是教条的。一旦怀疑产生，教条就无法解决问题了。此时所需要的是对理想的思考，是对价值和生活意义的所有问题的反抗性审视。一个承担这样一项思考任务的人，或者是每一个希望解决自我问题而开始这样一项思考的人，本身就已经是道德哲学家了。他正在追随柏拉图和康德，以及穆勒和尼采的脚步，或许他至少在某种程度上跟他们走在了同一条路上。

　　假设这位怀疑者所质疑的，并非是传统理想的正确性，而是其能够成功实现的可能性。假设他像约伯那样——正直者的不幸命运给他留下了深刻印象，以至于他开始疑惑：事情的自然发展是不是跟正直的事业毫不相关。归根到底，这个世界究竟是不是一个巨大的意外，是不是盲目力量所导演的一出残酷而愚蠢的戏剧？理想究竟是不是一文不值，或者，它们是否仅仅只是无聊的美梦、错觉，还是存在于想象中的游戏？精神究竟能不能促进物质，抑或它只是那些已经超出其控制范围的一个茫然的旁观者？如果问这些问题，那么你就找到了哲学的本质问题；而回答了这些问题，你就创造了哲学。

　　当然，我们可以通过使用麻醉术来治疗怀疑。但这样的治疗方法并不能彻底治愈怀疑。事实上，对于很多人来说，麻醉术根本毫无用处。他们要求用理性的方式来解决理性的问题；他们的思想一旦被激发起来，在找到答案之前决不会停止。上一代人遗漏的问题，必然还会再次出现，同样困扰着下一代人。但是，即使有可能完全麻痹或削弱批评和怀疑的能力，可降临在人类头上的也还是痛苦的灾难。因为宗教的好处在于它是真实的，既然它是真实的，它就必然能够跟随文明的前进而得到修正。拯救不能通过小心翼翼地怀着轻松舒适的幻想来达到。

拯救我们的灵魂不取决于想象中的事态，而是取决于真实的事态。拯救必须依附于准确的事实，而不是依附于虚构。总而言之，哲学的意义源自形成宗教基础的那些问题的真实性。在宗教方面，就像在其他的活动和兴趣方面一样，不要总是假定事情就是这样。有一点很重要：要时刻带着开放的思想近距离地研究它们。这样哲学才能成为研究生活的理想和希望的基础。

哲学与艺术

让我们转向另一个常见的人类兴趣，这就是对艺术的兴趣。有一种模糊的观点，连鉴赏家也会时常捍卫它，但更多的时候则是被他们忽略或抵制，这就是：最伟大的艺术品一定要表现常见或普遍的东西。所以我们会认为，希腊雕塑是伟大的，因为它表现了抽象的人，而当代雕塑艺术却表现具体的人；文艺复兴时期的意大利绘画展现了基督徒对生命的理解，因此也比印象派风景画更令人钦佩，因为后者只是捕捉了光与色彩的瞬间。现在我一点也不希望把这样的思想看成是判断艺术优劣的决定性因素。它们不应该影响我们对艺术的判断。然而，有一点却很明显：它们表现了一个关于艺术家思想的重要事实，也是有关鉴赏者思想的重要事实。希腊雕塑家和意大利画家明显都有各自的思想。当然，他们很可能完全是在不知不觉中形成这些想法的。但不知为什么，希腊雕塑家必定有一种思想，一种不仅仅是关于模特的思想，更是关于人性，以及一种与之相适应的完美思想。而意大利画家，除了他的审美之外，一定抱有他那个时代人们能达成共识的一种思想——关于事物的比较价值，以及还有精神生命对肉体生命的优越性，或者天国对俗世的优越性。鉴赏者一定也有能力理解这些思想，不然的话，他就无法接受艺术家试图传达给他的某些想法。诗歌的情况大概更简单明了一些。史诗或叙事诗，以及被情人看到或被情人歌颂的爱情诗，明显是着眼于某个具体的情境或某个罕见的、昙花一现的情景上，使人的头脑一时变得狭隘，并把世界置之门外。另外，还有一些诗歌，比如，丁尼生的《更高的泛神论》和《莫德》，勃朗宁的《拉比·本·以斯拉》，华兹华斯的《丁登寺》或马修·阿诺德的《多佛海滩》，在这些篇章中，诗人通过他特有的介质，表达了生活的某种普通化。他有着更广阔的视野，探寻出人在整个事物格局中真正所处的位置。这种视野也许是模糊的，大概从来没能完全清楚地被表达出来；但它体现了一种努力获得光亮的精神——一种，希望把自己从庸俗的标准中拖拽出来的精神。

人们阅读这样的诗歌，一定会被它的精神状态所影响，并把自己的思维拓展到它之中去。

对于我们的目的来说，完全不必带有诗歌的优劣与其观念的范围成正比这一观念。我们只需认识到：观念的宽广度是很多被认可的伟大诗歌所具有的一个真实存在的特征。伟大的诗人通常都是这样一些人——他们的想象力敢于离开地平线，上升到一定的高度，使他们能够以宏观的视野来看待一切事物。没错，这样的想象力就是哲学范畴的想象力，它的推动力跟导致哲学产生的那种推动力是相同的，它同样需要跟常识划清界限，从本质上看它对生活做出了怎样的贡献。但存在这样一个事实：诗人的想象力要么勇敢地预示了尚未论证的结果，要么在不自觉中使用了已有的结论，而哲学就是论证。因为诗歌是艺术，所以必须通过感官的形式来表达成熟的作品；而因为哲学是理论，所以必须呈现它要论证的事物的定义，以及它之所以这样说的理由。诗人和哲学家是缺一不可的，因为对每一个论证来说都要有想象力，而对每一个构想来说都需要论证。

哲学与科学

"科学"这个词如今通常被用来指一些专业的知识，并在物理学的带领下，迅速向未知的领域迈进。首先把未知转变为已知，然后转变为创造，最终转变为文明。科学得到了常识的影响和帮助，这是一项回报颇丰的投资。但是，尽管科学像彼得那样经常拒绝接受哲学并否认对它有任何涉猎，可它的确和哲学有着不可分割的联系。在生活把枷锁强加给我们的头脑自然运行之前，你我都是哲学家，人类的知识也是一样，它首先是哲学的，然后才是"科学的"，此后才又被划分出各个高度专业化的分支，每个分支都有它自己的技术和规划。在很多时候，科学无法隐藏它的哲学根源和联系。比如，不同的科学全都在面对同一个世界，它们的结论必须是一致的。因此，物理学、化学、生理学和心理学全都在人性中找到了共通点，而且不得不协调一致。人类从某个角度来看就是机械、生命和意识的统一体。这怎么可能呢？这个问题显然不是科学中任何单独一门学科所能回答的。它不是一个科学问题，而是一个哲学问题；然而，它却把科学工作和对其结论的评估紧密地结合了起来。

另外，科学使用了很多没有从根本上审视其意义的概念。因此，力学无法告诉我们空间和时间的准确性；物理学对于物质的性质也只做出了徒有其表、形式大于内容的描述；绝大部分生物学和生理学都还没有对谨慎地辨别和定义生命的意义进行尝试，便开始研究它们；而心理学研究人类意识的实例，却并不能明确地对意识的本质是什么说清楚。所有科学都在使用规律和因果关系概念，但它们没有给出支持这些东西的任何理论。总而言之，一些专门的科学有某些大致的工作观念，这对于实验和描述的目的来说倒是足够了，但对于批评性反思的目的来说却还差得很多。我刚才所说的这些概念，只要思考被引导到它们身上，它们就会成为思考的材料。这些概念本身也面临着困难，而且没有一个敢说，科学在专家所研究的有限的意义上，在消除这些困难上给到了任何帮助。然而，即使解决不了这些困难，科学依然能够继续发展，并不断取得惊人的进步，为物质文明的建设提供必要的支持。但是如果一个人问："我究竟身处什么地方？我生活的世界到底是什么样的？我是谁？我应该害怕什么？我可以希望什么？"这样一来，如果不面对这些困难，则没有人能给他回答。除了哲学家之外，甚至没有人会解答这样的疑问。

伦理学的问题

当哲学开始自己的工作时，它证明把问题分开来看是有必要的。哲学没有界限明确的分支，而问题也更加接近本质，它们往往相辅相成，一个问题的解决依赖于其他问题的解决。但就像在其他事务中一样，哲学也不能一心二用，一次只能做一件事。同时，人类对哲学的需要，是在完全不同的方面感觉到的，这便产生了不同的道路和重点。

哲学当中最容易就其本身来思考和衡量的部分，应该算是伦理学，或者说是通常被前人称作"道德哲学"的东西。对伦理学的介入，最好的作品当属柏拉图那篇著名的对话《申辩篇》(*The Apology*)。在这篇对话中，苏格拉底面对无数人的责难为自己辩护，阐释并证明了道德家的职责。苏格拉底说，一个合格的道德家，应该以质问人们从事各自职业的原因和理由为己任。他认为，人们的确都很忙，但是，很多人并不清楚自己到底在忙什么；他们确信的是，他们正在去往某个地方，但不确信的是它到底在哪里。苏格拉底并没有宣称要为他们引路，但他认为有一点可以肯定：这个问题是值得思考的，至少在这方面，他比其他人有理性。苏格拉底所认为的道德是：对于一个人为之而生的"善"，如果没有一个准确的概念，那么生活是不可能被合理化的。善的问题因此成了伦理学的核心。它究竟是享乐、是学习，还是世人普遍认为的成功？它究竟是个人的还是社会的？它到底存在于某种内在的状态，还是在于外在的成绩？应该在现世、还是在未来去追寻它？这些只是同一问题的不同变式，后来的柏拉图、亚里士多德、霍布斯、卢梭、康德、穆勒……一系列道德哲学家都曾提出这样的问题。与此同时，另外一连串特殊的问题也随之出现，与这个问题并肩而立。比如，道德品行与世俗法律是什么关系？在柏拉图的《克利陀篇》(*Crito*) 中，苏格拉底教导世人，与人为善的首要职责就是遵从法律，并接受惩罚，哪怕他是无辜的；因为与人为善的生活在本质上是一种有秩序的生活。在这样的生活里，个人就应该顺应他本身就属于的那个政治共同体。而霍布斯也根据不同的理由得出了此番结论。他说，只有当权力和法律都存在的时候，道德才会存在；人若要使自己摆脱他本性中的自私自利的劣根性或是避免肆无忌惮的后果，就只能把自己永远交给国家，除了国家所强加的之外，根本不存在他与生俱来的权利或义务。一个人或者遵守法律，或者堕入那种本性中的自由放任，而在这样的状态中，每个人都是完全利己的，不管他是猎手还是猎物。卢梭的学说却有所不同，他预言了一个完全不同的时代。在这个时代里，人们因为束缚而疼痛难忍，他们渴望挣脱这种束缚，奔向广阔的牧场。卢梭认为，法律应该是为人而造，而人不是为法律而生。人不应该被自己创造的东西所奴役，所以必须努力回归本真的善良和幸福，因为那才是他的合法所得。时至今日，这些问题依然是我们所面对的政治哲学的基础，并使今天的政治党派各执己见，即使他们可能并不了解这一学说。

康德带给了道德哲学一次不同于以往却更为人们所熟悉的转向。在他那里，道德生活的核心观念是"职责"。最重要的不是结局或喜好，而是意志的状态。道德建立在其本身法律的基础之上，远比人为制定的法规更加深刻。这一法律通过他的"实践理性"灌输给了个人，于是在所有影响行为规则的事务当中，它成了终结的定论。因此，康德把重点放在了新教和基督清教所强调的观点上；而柏拉图则鼓励我们追求生活的圆满和完美，可见他是站在世俗异教的一边的。在今天，这种世俗异教就好像基督教出现前期一样充满生命力。

宗教哲学

与道德哲学联系紧密的，是构成了可以称之为"宗教哲学"核心的一些问题。假设伦理学的问题暂时得到了一个答案。善也得到了定义，同时人的义务得到阐释。那么，善的实现到底有多少的希望？我们是否有把握确定履行职责所提出的任务是人力所能及的？因此，人的身份问题便被首先提出。他是否完全是个动物——自然因果链中的一环，最多只能思考自己的无助？或者，他是否拥有着与其理想相匹配的力量，一种掌控自己命运、促进自己为之努力的事业的力量？这就是古老的、众人皆知的"自由"问题。如果你想了解该怎样为人的特权辩护，那么就读康德；如果你想知道当人承载了纯粹的动物身份时，是被什么所造就的，那就读霍布斯。人是否可能在肉体消亡之后继续存在，并开始另一种生活，在那里不再受自然力量的束缚，对于这一点我们又该说些什么呢？人的永生先是出现在柏拉图的《斐多篇》中、后来又在康德的《实践理性批判》中得到了最细致、最有力的论证。但在整个范围的问题当中，最关键的不是人的问题，而是神的问题。说到底，主宰着这个世界上的各项事务的是什么？究竟是盲目的、机械的物质力量，还是那能够保证善的胜利、确保忠于职守的人得到拯救的道德力量？这是人们所能思考出的最深远、最重要的问题，它引出了另一个哲学分支，后来它获得了"形而上学"这个名称。

形而上学

"形而上学"这个术语有一种口语上的意义，因此如果我们掉以轻心的话就会很容易被这一意义所误导。通常是指这样的理论：它们必须处理神秘的或充满玄虚的事物。这种观点有一定的道理，因为形而上学属于思辨哲学，而不完全属于经验哲学，因为它使人们超越了事物的原始表象。但这只是一个方法问题，而不是学说问题。如果想成为一个形而上学哲学家，你就不得不把自己的思考推到最极端的边界，既不能满足于任何最初的表象，也不能满足于任何常识或习以为常的结论。但还是有必要在形而上学与下面这种有关于现实的学说之间建立起某种联系：现实是神秘的、超体验的、超自然的或与此相似的任何东西。形而上学完全有可能到头来得出这样的结论：事物恰恰就是它们从表面上看上去的那样，或者说，自然且只有自然才是真实的。形而上学只不过是一次试图追根究底的尝试，试图弄清楚现实究竟是由什么构成，以及它最初的原因和最后的结果是什么。这里有两个主要的理论：证明信仰上帝是有理有据的，以及怀疑这一信仰的理论。后一理论把对上帝的信仰贬低为人类想象力的结果，是绝对信念的作用，是教会的虚构。这种类型的形而上学的经典例证，一般被称作唯物主义，霍布斯那里可以找到这一理论。而前者的一个经典实例可以在贝克莱主教的著作中找到。霍布斯希望能够证明，唯一的本质是实体；而贝克莱则要证明，唯一的本质是精神。贝克莱认为，精神的本性是在每个人对自身的认知中最初被直接认识的。之后，为了说明独立而杰出的自然秩序，你必须假设导致并维持这一秩序的普遍精神，这种精神也可被称为神的精神，在种类上跟我们自己的精神是同一类，但如果就力量和善而言，它则是无穷的。

认识论

在哲学著作中显得尤为重要的第四组问题被称作"认识论"。虽然在所有哲学研究中，这一理论初看之时似乎是最矫揉造作和不切实际的，但我们只要稍加思考便会体会出它至关重要的意义。比如，假设它是一个科学终结的命题，或信仰合法性的命题，因为这个问题只能通过审视科学方法来找到答案，为的是发现这些方法中是否存在独断专横的东西局限了结论的范围。你就不得不追问，到底是什么构成了真正的知识？一件事物何时可以得到最后的解释？是否必然存在超出人类认识能力的事物？允许期望和理想影响一个人的结论是否合理？现代哲学的奠基人培根和笛卡尔把自己的大部分精力都献给了对这些问题的探索中，以至于从他们那个时代开始，所有哲学思考便都以这些问题为核心。甚至，哲学开始围绕一个非常独特的困境，人类的思想恰恰就是在这一困境中找到了自我。他必须首先从自己开始。当笛卡尔试图把知识还原为首要的、毋庸置疑的确定之事时，他突然发现，能够确定的仅仅是每个思想者对自我存在的认识，对自己观念存在的认识。如果一个思想者以此为核心，那么他将如何在此基础上增加任何其他的东西？除了自身和自我的观念之外，他又将如何肯定其他东西的存在？从另一个角度来说，尽管我们的知识一定是对自己和自我内心的认识，然而如果它不能使我们实现自我超越，它就几乎不是什么有用的东西。这个问题成了哲学的核心难题，而且确确实实是一个难题。而且，除了哲学家之外，每个人几乎都忽略它的存在。对这个难题的思考，使贝克莱得出了这样的结论：如果假定确实是可知的，那么，它只能由思想者和他们的观念所构成。贝克莱的这一结论被整个唯心主义学派所膜拜。这个学派的成员中，包括很多后来各个时代最杰出的思想家。这一言论也开启了德国文学和英国文学中举足轻重的运动。而对同样的难题，却使另外一些学派得出了完全不同的结论。不过，这个难题一直是现代思想的重点，如果忽视这个难题，任何人都无法讨论任何基本问题。

那么，当你从根本上来进行思考的时候，这些就是你马上要面对的问题。哲学就指向了这些问题，或与之类似的问题，因为它体现了人类思想最强烈的躁动，表达了对已有的、习惯性的或司空见惯的观点的不满，表达了自由而无限的好奇心，以及完美地解释世界并满足了生活而对它作出判断的需要。

苏格拉底、柏拉图与罗马斯多葛学派

查尔斯·波默罗伊·帕克[①]

在波斯战争之后的几十年里，也就是苏格拉底长大成人的年代，每一个雅典公民都可以按照自己的喜好，随心所欲地安排自己的生活，无论他多么贫困。苏格拉底暗自决定，要把自己的时间花费在思考真理上，在他看来，挣钱跟这种思考比起来毫无价值。当时，希腊社会人们的思想非常活跃，在伯里克利的统治下，雅典正在逐步成为一个宏大帝国，一些伟大的思想家，或者说他们的思想，都被吸引到雅典来。毕达哥拉斯学派的哲学家们在那些日子里广泛活跃于众多领域。他们不停地发现关于医疗技术的真理；他们在天文学上做了大量有意义的工作；他们在音乐上取得了惊人的进步；他们钻研数学，特别是几何学。其他一些学派的哲学家则在研究火、风、水、土，并认为它们能互相转化，就像我们常说的固体会融化为液体、液体蒸发为气体一样，或者像某些思想家认为气体原子是

[①] 查尔斯·波默罗伊·帕克（1852—1916 年），古典学家，任哈佛大学希腊文和拉丁文教授。主要著作有《拉丁文著作手册》（*Handbook of Latin Writing*，1897）等。

由电单位构成的一样。另外一些哲学家则被广阔无垠的天空所震撼，并认为发现真理的唯一途径是把宇宙设想为一个巨大的固定球体。还有一些人宣扬原子理论，他们认为所谓的原子，是一种极小的、看得见的坚硬球体，它们通过结合或分离，构成了这个永远变化着的世界。

苏格拉底与阿那克萨哥拉

苏格拉底热衷于研究所有这些理论，他听说一个名叫阿那克萨哥拉的哲学家，这个人的观点是思想创造了世界；但在他看来，阿那克萨哥拉似乎并没有表明思想是如何发挥作用的。苏格拉底认为，理性的思想总是在试图得到某种现实的善。只是表明一个有形的事物如何转变为另一事物，或者使另一事物进入运动状态，并没有理性地解释这个世界。尽管阿那克萨哥拉一直在谈论思想，但在苏格拉底看来，他也许没有触及理性活动的关键问题。而苏格拉底，一旦意识到了必须研究理性活动的本质，就决不会把它弃置不顾。研究理性活动的本质，就意味着深入研究人类，并研究人的思维。

苏格拉底与毕达哥拉斯学派

伯里克利时代对人，以及跟人类生活相关的所有活动都抱有极大的兴趣。苏格拉底喜欢与人交流，这使得他跟毕达哥拉斯学派相一致，但后者更关注人的灵魂，并认为人是永恒的。毕达哥拉斯把徒弟们组织成了一个兄弟会，以宗教信仰、简朴生活和崇高思想为纽带，把他们互相联系起来。这个兄弟会希望能够影响并改造他们所生活的那些城邦的政治情况。在苏格拉底那个时代，虽然他们已经极少参与政治，却从未失去对宗教和人类的兴趣。他们所做的工作不仅涉及医学、天文学、音乐和几何学等领域，还试图探究正义、美学、生命和健康的本质。这样的本质似乎使人类生活得以全部实现。奇怪的是，根据毕达哥拉斯学派的设想，这些本质以某种方式跟几何学联系在了一起。事实上，我们自己也在潜意识里把正义说成是正方形的东西；但我们的这种隐喻，在他们看来很大程度上就是现实情况。不同的形式或形态，立方体、球体、棱锥体、三角形、圆形和正方形，在他们的认知中似乎就代表着世界的本质。他们试图找出美学的理念，节制的理念或健康的理念。苏格拉底对这一理论很感兴趣，并下定决心要探究这些"理念"的真谛；但他对毕达哥拉斯学派所持有的那种对事物的几何概念颇不赞同。他想通过与人交流，并按照人类思想中所映射出来的样子来研究生活，来更清楚地梳理现实的概念，这样一来便会给自己和他人带来实际的帮助。一件东西因为自身的美才会被承认是美的。然而，什么是美？对于一位希腊哲学家来说，这是一个无法回避的问题，发现完美的生活这件事本身也值得我们为之而努力。一个行为因为其自身的正义而被承认是正义的。什么才是正义的本质？我们和苏格拉底一样想知道答案。然而苏格拉底发现，这样的探究使人更加迷惑，甚至会使人陷入一种绝望。

苏格拉底的使命

大概就是在这一年代，某一天，由一些对当时的生活高度敏感的势力所掌握的"特尔斐神谕"对提问的人说，苏格拉底才是最有智慧的人。这一说法让苏格拉底本人十分困惑，因为他理智地认识到自己的无知。他迫切地向不同的人提问，希望从他们身上寻找智慧，但他很快发现，他们对于事物真正本质的观念模糊而矛盾。他认识到，他的使命就是要帮助人们理清思想。这是理性思考的基础，即要清楚地界定我们的思想，还要对我们的语言所指代的事物的本质属性取得统一的意见。

苏格拉底与柏拉图

柏拉图的《申辩篇》《克利陀篇》和《斐多篇》，充满戏剧色彩地向我们展现了苏格拉底的思想。它们全都与苏格拉底生命终结前的岁月有关。在这一时期，他的思想几乎处于最成熟的阶段。柏拉图发展了苏格拉底的某些思想，将其推向了逻辑结果，从而超越了他老师说过的话。但除了这些对话记录之外，我们很难找到其他方式进一步了解真正的苏格拉底的思想。例如，他觉得灵魂应该是永恒的事物；灵魂的本质就是活着并承载生命；而正义、克制、忠诚、美等这些理念，则赋予人类世界以实际的永恒本质。《斐多篇》中更加丰富的想象力，以及完善的整个理论，大概只属于柏拉图本人。许多人以为这部对话录中的哲学理论全都是柏拉图的。想要把他的思想从他老师的思想中剥离出来确实有些困难，他们二人的思想实际上是发动了一场伟大的人类思想运动，这场运动对整个世界产生了重要的影响。其中对后人产生的一个深远影响可以在亚里士多德那里看到，尽管后者有很多不同，但他受到了真实本质学说的强烈影响。苏格拉底对后人的另一个影响在斯多葛学派的哲学中得以体现。

芝诺与斯多葛学派

斯多葛学派的创始人芝诺是塞浦路斯人，他以前应该是个商人。在一次航行中他遇上了海难，由于这次现实上的灾难使他转向了哲学。在那个年代，想成为哲学家的人都愿意去雅典，距离苏格拉底两三代人之后的一天，当时身处雅典的芝诺在一位书商的摊位旁坐了下来，书商正在高声朗读色诺芬的《回忆苏格拉底》（*Memorabilia*）。这是一本记述了苏格拉底的一些语录的书。芝诺立刻被吸引住了，于是询问书商，像苏格拉底这样的人生活在哪里。就在这个时候，一个名叫克拉底的人从旁边经过，克拉底是个善良的人，也是个穷苦的人，他一直在依照苏格拉底的生平安排自己的生活。书商指着他说："跟着这个人就行了。"于是芝诺站起身，跟着克拉底离开了。后来，苏格拉底对最高理性、人类灵魂、生命价值和自由的信仰，深深地影响了芝诺的思想。直到今天，我们仍然可以从斯多葛学派的哲学中找出他的一些影响。这一学派的科学、宗教和逻辑学说都有着举足轻重的地位，它们的发展也充满趣味性。但不管怎样，你都可以强烈地感觉到苏格拉底的学说对这个著名学派的影响。

罗马的斯多葛学派

四五百年之后，爱比克泰德（一个奴隶，后来成了自由人）和马库斯·奥勒留（罗马皇帝）在他们关于人类生活的思考和交流中擦出了明亮的思想火花，这一火花是在苏格拉底那里被点燃的，薪火相传，历久不衰。我们往往把斯多葛学派的成员想象成这样一些异类：他们压抑了个人的所有情感，带着严肃的面孔和悲天悯人的心灵在这个世界上游走，用自己的全部力量去承受痛苦。但古往今来最优秀的斯多葛学派哲学家都非常关心人的本性和精神的自由，他们研究人，并认为人的本性在本质上是理性的。对他们来说，最不愿意看到的事情是这一理性精神失去自控能力，在徒然的奋斗中感到迷茫，试图通过对外部世界妥协来找到幸福，为那些自己所不能控制的事情焦躁不安，进而陷入混乱。但对于他们力所能及的事情，他们总是拿出十足的干劲，严肃地去对待。因为他们认为，人的理性思想如同善的力量，而正是这种善的力量，创造宇宙并使其得以发展。在这一点上，他们与苏格拉底殊途同归，奴隶与皇帝的思想跟雅典自由人的思想不谋而合。

现代哲学的兴起

拉尔夫·巴顿·佩里

　　有人曾经说过，在安安稳稳地沉睡了整个"黑暗时代"之后，欧洲突然在 1453 年被君士坦丁堡的崩塌唤醒了。我们现在知道，它其实睡得并不踏实，或者说，欧洲一直处在非常警醒的梦游状态。事实是，在 1453 年之前的几个世纪里，人们一直生活得很有热情，很高贵；其思想的庄严性和崇高性几乎是空前的。这样一个时代，诞生了哥特式艺术，构筑了像神圣罗马帝国这样恢宏的梦想，你怎能说它缺乏想象和启蒙？

　　不过，在十五世纪，欧洲人的思想确实发生了某些重要的转变，这一点，就是喜欢另辟蹊径的学者也不能否认。它在某种程度上来说并不是一次思想的觉醒，而是方向的改变，后来的现实证明，这次改变取得了惊人的成果，也可以把它定义为"回归源头"。这是它的本质特征，比如，对古代的追溯，对规章制度的重新审视，以及对自然的进一步考察。这次转向使得思考重新回到了事物的起始和本质，这次大规模地加入的新元素，对人的所有兴趣和工作都产生了影响。特别是，文艺复兴时期的哲学的出现，它首先开始对某种古代哲学进行新的研究。米兰多拉的皮科开创了新的柏拉图崇拜；针对阿维罗伊学派的阐述或正统解释，滂波那齐捍卫了希腊人或亚历山大学派对亚里士多德的阐述；蒙田重新复兴了古代的怀疑论。但是，对哲学的未来影响更深远的东西，其实并非来自时代精神对哲学的直接影响，而是来自它间接的影响，通常情况下，先是影响科学，然后再通过科学影响哲学。就哲学的长远发展来说，这一时代的伟大人物除了皮科和滂波那齐，更为重要的是哥白尼和伽利略。

哥白尼的发现

哥白尼[①]勇敢地宣称地球是运动的。但就算是他让地球动了起来，这一言论给人们的惊讶和烦恼恐怕也是无比巨大的。人们一直相信，地球是永恒不变的创造中心，被太阳和月亮照耀着，被其他行星所环绕，并为人类堕落和救赎的说法提供了背景——这一信念一直都是人类信念的牢固核心。如果不把已经建立起来的事物的整个伟大格局彻底摧毁，要想让地球动起来似乎是天方夜谭，因为，人类为适应这一格局已经进行了几个世纪的准备。在一个既没有开始也没有结束、既没有核心也没有边境的茫茫宇宙里，一个人该在哪里安顿上帝，在哪里安顿人，他们又该如何互相找到对方呢？这就是伟大的殉道者布鲁诺用尽毕生精力去解答的问题，1600年，他的离世就像是一座里程碑，标志着现代哲学的开始。

布鲁诺发现，再也不能以远处的苍穹为界线，把世界仅仅分为人间和天上两个部分；并不存在凌驾于自然之上或在自然之前或之

---

① 哥白尼的《天体运行论》（*On the Revolutions of the Heavenly Bodies*）的献词。

后的上帝，因为自然本身就是无穷无尽的。宇宙是一个由无数世界组成的系统，每一个世界都是同样的神圣。因此，上帝代表的不是局部，而是全部，他代表着整个宇宙的生命和美。布鲁诺从早期斯多葛派哲学和新柏拉图主义那里重拾这一观念，使之适合于这个被哥白尼抹去了其自古以来的地标的时代的需要，这一观念在笛卡尔潜在的泛神论和斯宾诺莎公认的泛神论中得到了肯定与支持，却在18世纪经过了一次衰落，后来再一次被莱辛和赫尔德复兴，并在19世纪成为德国浪漫主义运动和黑格尔运动的一个核心观念。

伽利略的贡献

哥白尼为人类思想贡献了一个具有划时代意义的理论。伽利略的贡献虽没能阐释得很明确，却更有开创性：一种新的方法。具体说来，他提出了两种具体的方法：发现的方法，以及精确描述或数学描述的方法。他既不是那个时代独一无二的发现者，也不是唯一的数学或物理学家，但他却是这些运动观念最出色的代表。

1610年，也就是在他成功制造望远镜约一年之后，伽利略出版了他的《恒星使者》（*The Sidereal Messenger*），扉页上有这样一段话："它宣布了伟大而超凡的奇观，并把它们呈现给每一个人，尤其是哲学家和天文学家，供他们参考；这些奇观是伽利略凭借他最近发明的望远镜观察到的；那是，在月亮的表面，在银河系中无数的恒星和星云中，但尤其是在以非凡的速度围绕木星运行的四大行星中，观察到的奇观。"这是望远镜的创造者伽利略，一个发现时代的先知。但比发明望远镜的伽利略更伟大的，则是发现三大运动定律的伽利略，他也因此成了现代力学的创始人。他阐述了自由落体，但并不仅仅把它们归因于模糊的万有引力，而是阐述了准确的时间与距离的关系，因此能够以数量上的精确性来推导、计算和证明。也就是说，他把数学的清晰性和准确性带进了物理学的领域。

现代经验主义

现在，伽利略的这种双重影响成了现代哲学中新观念最重要来源。培根和洛克都是哲学观察者，他们对感觉的信任超过对理性的信任，并受到了发现精神的激励。笛卡尔、霍布斯和斯宾诺莎都是数理哲学家，也是理性的支持者，他们在开始阶段更注重的不是拓展知识，而是着手于如何使得知识更加具有确定性。

培根（1561—1626 年）是现代"经验主义"（或称感官经验的哲学）的创始人，他批判他所处时代的那些他认为妨碍了清晰视觉的问题，比如，咬文嚼字、拟人化，或过于遵从的传统和权威。他提出了一种新的"工具论"（《新工具》[*Novum Organum*]），一套用以改正和补充亚里士多德的工具论的逻辑学和方法论，并为科学过程奠定了一个基础。但培根的伟大之处，更多的不是因为他所阐述的东西，而是因为他预言的东西。他第一个预见是到了 19 世纪将在很大程度上实现了伟大梦想这一情况，而这个伟大的梦想就是：通过极具耐心地、奋不顾身地对自然的研究，逐渐控制自然。人间王国（《新亚特兰蒂斯》[*New Atlantis*]）将建立在知识的基础之上。"人类知识和人类权力归一；因为凡不知原因时即不能产生结果。要支配自然就必须首先服从自然；而凡在思辨中为了原因而行动则视为原则。"观察自然的目的是你可以利用自然，并且要使它成为人的住处、工具和财富。这里有我们现代世界的最高准则，有其特有的信心和希望的重要依据。

现代理性主义

笛卡尔和霍布斯是现代理性主义的创始人，只不过各自的方式有所不同。笛卡尔（1596—1650 年）发现数学是一个模型。也就是说，他提出人们应该仿照数学的原理来进行哲学的探讨。他并不相信数学，以及它在物理学上的应用，本身就是极限的知识。他阐述了一种逻辑，像数学一样精确，但更基础、更普遍；并以此为证明关于上帝和灵魂的更高真理打下了一个基础。《方法论》（*Discourse on Method*）表达了作者对数学的无比尊重，以及他自己对哲学中一种靠近确定性的探索。

但霍布斯（1588—1679 年）在另一种层面上追随了伽利略的脚步。他所主张的，更多的是利用和扩展数学，而不是模仿数学。他代表了拉普拉斯在百年之后坚定地宣布了一种观念：普遍机械论的观念，在这一观念中，物体运动的定律甚至应该应用于自然的起源，应用于人。人们应该期许出现这样的情况：一切事物都应该像行星的速度和轨道一样确定，并可以有把握地预见。为了实现这个目标，《利维坦》（*The Leviathan*）的作者把人和社会只看作是精细且复杂的机器，为了满足私欲的冲动而工作的机器。

这些就是伽利略想要表达的文艺复兴时期的科学传达给现代哲学的三种形式。培根、笛卡尔和霍布斯先后成为新趋势的鼻祖，而这些新的趋势则主导了 17 世纪和 18 世纪的哲学思想。培根的经验主义，在洛克那里得到了发扬，后者把"极度朴实的历史方法"应用于人类思维的研究当中；之后又被贝克莱所传承并发展，他甚至把这一学说简化为"存在即感知";但在休谟那里却遭遇了怀疑的危机;并最终作为英国的自然哲学被坚持了下来。笛卡尔的理性主义,为大陆哲学伟大的形而上学体系,为斯宾诺莎的一元论和莱布尼兹的多元论,创造了一个基础,却被沃尔夫改造为纯粹的形式主义和教条主义;但在康德所主张的新理想主义德国哲学中坚持了下来。霍布斯的物理哲学,结合了从洛克和笛卡尔那里吸收的类似成分,发展成了法国与大革命共生的唯物主义运动,并为所有试图从物理学中筑就形而上学的哲学家创建了一个模型。这三种趋势在18世纪所采取的形式,特别是它们对事实和必然性的强调和主张,产生了巨大的反作用,这一作用虽然在下个世纪才结出果实,但它其实早已在帕斯卡的信仰哲学中、卢梭的情感哲学中,以及莱辛的发展哲学中初露端倪。

康德导论

拉尔夫·巴顿·佩里

人们普遍认同，康德是一位具有划时代意义的伟大哲学家，就像苏格拉底和笛卡尔一样。划时代的知识分子有两个普遍的特征：第一，他们身上带着他们所处时代的某些普遍趋势，这些趋势一般来自于对上一个时代的更明显趋势的反作用；第二，他们的思想都是开创性的，并且在他们后来的追随者当中得到更成熟的发展，但创立者却几乎认不出它是自己的作品。我们通过康德哲学来探究这两个特征。

对纯经验主义和纯理性主义的反叛

从 17 世纪和 18 世纪的重要趋势当中，下文将选取两种趋势作重点阐述。首先，这两个世纪的突出特征是，把人类知识的两大来源中的其中一个来源单独考虑，并予以过分地强调，这两个来源就是：感性和理性。洛克及其拥护者试图让理性成为感觉的纯粹回声；

而笛卡尔及其拥护者，则一直带着质疑的态度来看待感性，认为它扰乱了人的智力，或者只是提供了一种不重要的知识，因此它必须让位于"理性科学"。极端的感觉论或经验主义似乎在休谟那里走入了死胡同；而理性主义则在沃尔夫那里沦为了形式主义和浮文巧语。所以，康德最伟大的作品《纯粹理性批判》（*Critique of Pure Reason*，1789）做出了这样的尝试：它试图通过对感性和理性作强制规定，来中和之前的这些极端观点。他说，没有观念的感性是盲目的；而没有感性的观念则是空洞的。康德的批判首先指向了对感性的过分强调。他强调，单纯的感官印象序列，绝不可能满足科学所需要的联系性、确定性、统一性、规律性等。智力必须自己提供这些，它们组成了康德所说的"范畴"（*category*），当人的思想以那种被称作"认知"的独特方式进行工作时，它就不得不使用这些工具。但是，对于认知来说，仅仅这样还是不够的。它们自己不能以普通的方式被人们所认识，因为它们是人类用来认知的东西。既然它们是工具，那么一个必然的结论便是：它们需要用某种材料来加工，它们不能自己产生知识。因此，感官材料也是必不可少的。总而言之，认知就是系统化借助头脑所熟悉的方式，以及感官所接收的内容。这就是第一批判者康德，是技术哲学的康德，在今天的哲学家当中他仍然有很多忠实的追随者。

重申精神性

17世纪和18世纪哲学的第二个更为重要的趋势，相对而言是对一种特殊需要的视而不见，基本上可以称之为"精神"需要。这两个世纪本身被视为一次反动，是对更早时期被认为过于拟人化的反动。人错误地把自己认知为他的世界。现在，他应该从非人格化的角度完全理性地看待他的世界。他可以选择留下感觉的发现，或理性的必然；不管在什么情况下，他都应该克制自己的偏好与欲望。这时，应该坚定不移地期待，道德和宗教在这方面可以发挥很大的作用。人们相信"自然宗教"的存在价值，没有神秘和教条，一种不惧权威的理性道德，一种既没有启蒙也没有信仰的可论证的神学；但渐渐也会产生一种挫败感。人们把太多外在的东西留给了自己，缺少归属感和安全感。17世纪早期，帕斯卡声称笛卡尔的数学理性主义在宗教上正式被推翻。自然宗教就这么轻松地被休谟转变成了无神论。而对整个时代精神最强烈、最激动的抗争，来自于卢梭。他坚信，人们需要相信自己的感情，尊重心灵的要求，并回归人性中基本的和原始的状态。雅可比和赫尔德也产生了同样的想法。最后，莱辛在他的《论人类的教育》中，把关注力从哲学转到了文化史上，转到了人类生活对历史产生的作用上。然而体弱多病的书呆子康德，此时竟然成了这场正在兴起的观点和信仰的反叛代表。但事实就是如此。接下来我们就从这个角度来评价他。

康德革命

有一个对康德的最著名的评论：他打算在思想界开创一次哥白尼革命。像哥白尼为行星体系发现了一个新的中心那样，康德打算为人类知识发现一个新的中心。这个新中心就是思维，他认为，之前的错误很大程度上要归因于人们试图在客体身上建立知识中心的努力，人们期望思维应该反映（要么通过感性，要么通过理性）表面的、独立存在的事物的本质。康德说，这种方法必然是或者导致怀疑论，或者导致教条主义，但就哲学的目的而言它们都不是好结果。新的方法认为，客体应该与思维一致。因此，在早期的观点中，自然被认知成外部秩序，人的思维受到它的影响，或者思维根据它自己的推理来发展它；现在，自然被认知成思维的原创。它一切的安排和联系，甚至它在时间和空间里的分布，都要取决于认知者的素质。思维把它的条件强加给客体，并因此挣开了它已经被纳入其中的自然束缚。这一点对人的精神要求的意义是再明显不过的。如今，自然可以任人改造；人凭借自己的智慧成了造物者。事实和必然性的终极世界到头来不过是精神和智力的部分表达。

意志的范围

可能卢梭依旧认为，精神在对物质的对决中虽然取胜但却付出了高昂的代价，因为它使精神的剩余部分严格服从于智力部分。如何能保证，以这种方式披上权威外衣的智力一定会体察情感和良心的要求？康德用他的"实践理性的首要地位"学说作了回答。他说，自然确实是理论能力的产物；但理论能力必须通过事实和规律来认识。理论能力充其量只是某个更深刻的东西（即意志）的表达。思考是一种行为，通常看来，行为有自己的规律，在良心中提示出来，并优先于主宰任何特定行为——比如，认知的法则。这并不说明良心战胜了理解力，也不说明意志可以违背自然；而是说明，良心展示出了另一个比自然更深刻、更真实的世界，它是任由意志发挥其作用的领域。这就是上帝、自由和永恒的世界。它在严格意义上是不可知的，只有自然是可以被认知的；但它必须相信，它是一切行为的先决条件。一个人只要生活，就只能生活在这样一个世界里。

所以，康德始于为科学辩护，终于为信仰辩护。

康德的追随者

前面已经说过，划时代者的命运就是：他们的观念很快就被转变为他们自己都未想表达的东西。康德是一个严谨的思想者，用他自己的话说，是一个"具有批判性的"思想者。他关注的问题涉及知识的可能性和信仰的合理性，尽可能避免对世界进行武断的判断。但他的追随者为思辨的激情而疯狂，立即从"批评"过渡到了形而上学。结果引发了伟大的浪漫主义和理想主义运动，这两次运动形成了 19 世纪哲学思想的主流。

在理性主义运动中，康德的知识论跟泛神论结合在一起，这种泛神论甚至可以直接追溯到柏拉图本人。根据泛神论的观点，换一个角度看，自然和上帝其实是一回事。上帝，如果按照透视的方法来看待人受到地球限制的智慧，并把它纳入到一个有限的透视图中冠以概念，那么它就是自然；而自然，如果是圆满的，并且是丰富与和谐的，那么它就是上帝。

在康德看来，自然是智力的产物，而智力反过来又服从于某个更加深刻的精神法则。如果以柏拉图泛神论的传统观点进行解释的话，这一法则就是整体的完美。这一观点有很多可能的变化形式，就像康德所暗示的那样，像费希特肯定和具建设性地坚持的那样，整体的完美可以被视为道德的完美，道德意志的理想。或者，像黑格尔及其追随者所坚持的那样被视为理性的理想；或者，像感伤主义者和浪漫主义者所宣称的那样，被视为一切精神价值的普遍实现，一种超越于首先标准和理性标准的完美，更接近于美的表达，或是神秘洞察力的昙花一现。在这一观点的通俗文学表达中，这些变化被交替使用，或者被不加区分地混在一起。但正是这一观念的某种形式，给一些英国诗人和散文作家带来了创作灵感，并深刻地影响了我们的上一代人，比如，柯勒律治、华兹华斯、卡莱尔、爱默生、丁尼生及勃朗宁。因此，有一股源源不断的思想流，从康尼格斯伯格时代最接近于哲学的思想，直到今天受欢迎的刺激和安慰。

宗教
religion

宗教总论

拉尔夫·巴顿·佩里

阅读宗教文献的方式有两种。首先，可以阅读与自己信仰有关的书，比如，基督徒读《圣经》。在这种情况下，一个人阅读是为了使心目中的权威得到指导或教育，并在那里找到他的信仰和希望所在。一个人与一部作品之间的这种关系只有在特殊条件下才有可能发生。它是时间、传统和历史共同作用的结果。一部著作，只有对一个人的精神生活产生了最重要的刺激和影响，并给予他启蒙的力量，使得他每当需要激励自己的目标或证实他的信仰时便求助于这本书的时候，它才可以成为这个人的"圣经"。一本"圣经"就是一剂经过实践的良药，一个人为了自己灵魂的健康而热情恳切地求助于它。在他的心中，它与他所要感恩的一切联系在一起，与他希望从中获得的一切联系在一起。因此，它不仅是一种工具，更是个标志。任何一个种族的或历史的宗教，它的圣书当然不是一部个人的"圣经"，因为，一个种族远不仅仅是一个人，一部历史也远不仅仅是一个人的一生。但是，本文想要说明的，是个人与那本成为他的"圣经"的著作之间的关系。毋庸置疑，在这一关系中，阅读者的态度起着决定性作用，并且与他对其他任何书的态度都不同。人们往往以这种方式来阅读宗教著作，每一个人都在阅读属于他自己的"圣经"。

别人的"圣经"

但阅读宗教著作还可以有第二种方式，那些渴望更广泛地阅读宗教著作的人，必须采用这种方式。其实我们也可以阅读"别人的'圣经'"。但这需要非比寻常的态度，而且这种态度可能还需要培养。它所追求的不应该是一个人在属于自己的宗教书中所能找到的相同的价值；也不应该根据一个人自己特有的精神标准来评判。如果是这样，别人的"圣经"就会让人感觉不近人情、使人讨厌、迷信，以至于是异类。阅读别人的"圣经"也不应该像阅读通俗的文学作品那样，如果这样，它就是怪异的、荒谬的，或者最多算是诗意的。通过想象和同情使一个人能够对别人的见解和需要感同身受是有必要的。伊斯兰教的外在表象在基督徒旅行者眼里只是传统习俗。但哈罗德·菲尔丁在他的《人的心灵》（*Hearts of Men*）中说："当穆罕默德在夕阳时分祈祷的时候，我希望你走到他的身旁并跪下，把你的心交给他，并等待聆听一定会出现的回声。"它的宗教意义和价值隐含在这种外在表现中，任何宗教著作都不例外。它们的宗教意义与不断提升、感动、启蒙或被敬畏的信徒有关。任何人，如果不能或暂时不能使自己进入信徒的状态，就不可能真正理解宗教意义。

或许，这个要求有些过于苛刻。一个人怎样才能使自己依次皈依佛教、基督教、婆罗门教和儒教？然而，也许存在一个让这种情况成为可能的办法。是否有某种特质是一切信徒所共通的？一个人是否可以摒弃自己的宗教特质而保留所有宗教共通的东西，以此来理解每种宗教？一个英国人试图减少自己的英国特征而拥有其他人的共性来理解法国人。同样，一个基督徒也可以使自己有基督教特性而具有其他宗教共性来理解伊斯兰教。菲尔丁说："不管你去哪里，无论哪种信仰被冠以什么名字，只要你善于倾听，只要你的灵魂跟全世界的灵魂息息相通，你就会听到同一首歌。"也就是，每一门宗教中都有相同的意义，它是不同宗教之间的联系纽带；了解并感觉到了这种共同的意义，一个人就可以超越他所皈依宗教范围的界限。

但会存在一种危险：许多年前，芝加哥世界博览会期间召开了一次"世界宗教会议"。这是一次影响深远并且令人难忘的会议，因为它对放宽和拓展美国的宗教认识立下了巨大功绩。但与此同时它又造成了这样一个错误的认识：因为所有宗教都一样的，所以它们都是同样的真和善。按照这样的说法，下面这个观点同样合理：因为所有形式的政治组织都是政治的，所以它们都同样健全。所有政治体制都是为了适应秩序和正义的基本需求而产生的，只要能被人们所接纳并持续下去，它们一定是在某种程度上满足了这个需求。要了解外国的政治体制，我们必须清楚，它以其特有的方式，在特定的地点和时代，实现了我们的政治体制所要实现的那些内容。但这并不能就此证明：这两种政治体制原则上一样正确，也不能就此证明：不能参照一种政治体制来补充另一种政治体制。同样地，一切宗教也都是为了满足同样的基本需要而产生的。但一种宗教可能会比另一种宗教更适合、更长久地满足这一需要；它可能建立在一种更确定的关于人或上帝的观念的基础上，因此在批评性的比较研究中值得重点考虑。

宗教不能有个性、只有共性的观点是错误的，避免这种错误十分重要。一种宗教，如果只是由所有宗教的共性内容而组成，那么它也许根本不是宗教。由于人类既有共性的需要，也有个性的需要，一种宗教必须满足具体的群体或个人，而不是仅仅满足抽象的人。也许，有多少信徒或崇拜者，就有多少种宗教。这个理论跟下面这个重要真理根本不矛盾：生活中有一个亘古不变的因素，一切宗教都起源于它，它使得宗教成为一种公共的需要。如果想要研究一种不属于自己的宗教，或者阅读这一宗教的著作，就一定站在这一立场来理解。不仅要关注到一个人的个性需求，而且还要同时关注到更深刻的共同需求，一切宗教正是源自这种共同的需要。

前面已经说过，这种意识需要培养。现在的大多数读者（哪怕是有智慧的读者）也都需要培养，而且毋庸置疑，在欧洲思想史上也是如此。通过习惯和模仿规律而产生的效用，使我们看不到社会实践的意义。很少有人在法律权威和本国特殊政治制度约束下反思过政府的作用？多数人把政府看成是必然存在的政体，他们只关注其中的派系纷争或个人冤屈。同样，对于大多数人来说，宗教作为一种人的制度，并不存在。他们只知道他们独有的宗教区别；或者，他们完完全全地把宗教等同起来，导致他们把异族的宗教视为非宗教。在大多数基督徒眼里，"宗教的"与"基督教的"是一个意思；然而，在最近三百年里发生了一次重大的改变，值得我们简要地回顾一下。

自然宗教与实证宗教

大家都知道，现代思想是对中世纪的一种趋势的反抗而产生的，这一趋势就是：把诸多的东西视为自然而然的。理性应当脱离权威、传统和腐朽。但开始，这只意味着：人只能在物理学和形而上学的范畴里运用他的理性。在17世纪，人们普遍认为，自己的理性可以运用，但不可以质疑国家、教会和现有伦理准则。理性的人的心理和灵魂是自由的，但从外来说却是服从的。总之，制度总是被看作理应如此。但在18世纪，获得解放的理性开始指向了制度本身，并产生了一种理性伦理学，这是一种新的政治学和一种"自然宗教"理论。一百年前，霍布斯是这场运动的先锋代表，在所有社会革命中（只要这些革命是出于观念的改革，而非出自紧迫的实际需要），他是一个极富原创性的作者。关于宗教，霍布斯曾这样阐释："下面这四样东西：对鬼神的看法，对第二因的无知，对所畏惧之事的敬畏和膜拜，以及把偶然之事当作预兆，构成了'宗教'萌芽的基础；但由于每个人的想象不同，判断和热情也不同，这个基础也各自发展成了不同的样子，以至于一个人所使用的仪式在其他人看来大多是荒谬可笑的。"这段话摘自他1651年出版的《利维坦》（*Leviathan*）中。1755年，**休谟**撰写了一本著作叫《宗教的自然史》（*The Natural History of Religion*）。在书中，他认为，多神论是宗教的初始形态，而且，"最初的宗教观念并非源自对大自然的作用的思考，而是来源于对生活中的事件的关注，源于那些能够激发人的思维的希望和恐惧"。焦虑于"对幸福急切的担忧，对未来痛苦的担心，对死亡的恐惧，对回报的渴望，对食物及其他物质的需求……人们怀着好奇，仔细检查未来的前因后果，思考人类生活中各种迥异的或截然相反的事情。在这一混乱的情形中，他们迷离和惊讶的眼睛，看到了最不清晰的神的踪迹"。这些文字表明了一种看待宗教的新角度，具有革命性和先锋性。它们表明，基督教与那些让人鄙视的迷信平等，因为它们全都来源于人类天性或源于同样的普遍情境，而且所有人都身在其中。也是人类对未知命运的担忧，以及对于为自己的利益而渴望进一步控制自然力量，才使他相信宗教，所有宗教都可以清除这种恐惧、实现这种希望的力量。于是，"自然宗教"与"实证宗教"之间的便产生了不同，前者被认为来自人的构造和共同的生活事实，后者则是由某些特殊的规则、历史和教义所构成。而如今我们又有了一个新的标准来评判宗教。正如我们可以依据君主制和民主制作为政府治理工具的作用来与它们比较，我们也可以依据基督教和佛教对一般宗教需要的现实来评判它们的好坏。在如何达到宗教目的这个角度上，究竟哪一种宗教更好？是一个新的向人类的智慧敞开研究课题了，这是探讨作为一个自然历史事实的宗教。

比较宗教学

休谟的《宗教的自然史》主要发展了两个方向。第一，19世纪对传统和进化的强调和对一切正在发展的事物的起源和多种形式的关注，共同促进了现阶段所谓的"比较宗教学"的发展。传教士、游学者，以及近几年出现的人类学和人种学的研究者，搜集了印度、中国、日本，以及世界各地原始和野蛮民族的宗教资料，并展现了各自的宗教习俗。古代宗教通过不断发展的考古学而被人们认识。对于发现历史来说，最重要的是语言知识的增长。梵语知识开辟了理解古代印度宗教之源的大门；象形文字和楔形文字的翻译揭开了埃及、巴比伦和亚述的古代宗教的神秘面纱。更精细的方法把全新的目标放在了希腊人和早期闪米特人的宗教上。这些丰富材料的掌握，使重新定义宗教的一般性或它的起源及进化成为可能。

泰勒、斯宾塞、马克斯·缪勒、安德鲁·朗格和弗雷泽等人的著作可以说开创了人类知识领域里一个真正的新分支。在这个分支里，宗教作为一种世界性的人类兴趣或生活内容而成了一个不带倾向性、经验主义的研究内容。

宗教心理学

第二，19世纪心理学迎来了一次巨大的发展，这一点在休谟《宗教的自然史》的另一个延伸中有所体现，并被称作"宗教心理学"。其中有宗教意识起源于诸如恐惧和敬畏这样的本能和心理的问题；有宗教的心理学类型，比如，詹姆斯所说的"病态灵魂"和"心智健康的宗教"；有对神秘体验的细致分析，连同它的"节奏"，它的"断裂"，以及它的典型阶段。特殊的心理学意义，以及它们跟青春期这样一些生理学条件的关系被定义给宗教危机，比如，"皈依"。某些宗教状态与歇斯底里紧密相连，属于变态心理学的范畴，另外一些证明了模仿和暗示的巨大社会力量的作用。詹姆斯教授的伟大著作使它的标题"宗教经验种种"（*The Varieties of Religious Experience*）普及以来，这些不同的类型被受到众多观察者重视、阐释和编辑。

但是，我们看到，霍布斯和休谟都只是在试图给宗教的一般本质定义。在所有的宗教中外在的和内在的是什么？在使人眼花缭乱的仪式、教义和精神呈多样性状态，它们有哪些共性呢？作者把这些宗教归于人对自身命运的影响和恐惧，在这一问题上，他们是否正确？这是一个值得人们深思的问题，这让比较宗教学和宗教心理学领域那些经验主义的研究充满了动力，并形成了宗教哲学的问题。

宗教的起源

　　宗教的存在要归结于什么样的事实？它到底是否涉及人性的事实？我们总是听说，人拥有一种各不相同的、原创性的能力，这种能力被称作"宗教意识"，凭借这一能力，人产生了神的观念。所有人都具有一样的精神组合，因此在对神的想象上是一致的。但这个观点还是建立在过去的心理学基础之上的。现在人们普遍认为，一个人具有一些与生俱来的本能和能力，使他能够在这个世界立足，但这些本能和能力并不能决定他的观念。实际上，这些观念取决于一个人的经历，取决于他的本能和能力与他需要使用这些本能和能力的环境之间的关系。而特殊层面上的宗教，它调动了人性中各种不同的本能，比如，恐惧或好奇，这些本身并不带有宗教性。也就是说：宗教意识是多元化的、派生的，它是经验的结果，而不是与生俱来的。那么，宗教的普遍性又是什么呢？或许，神（宗教的目标物）是一个常见的、为人们所熟悉的对象，比如，太阳——它是显而易见的，每一个人都熟悉它的概念。如果不考虑前人的看法，用第一个发现者的视角，或者像一个刚刚来到地球的人那样观察你见到的世界，你就找不到神，因为神不是一个现实的存在。赫伯特·斯宾塞试图把宗教追溯到建立在梦中的鬼魂信念之上。对一个单纯地解释梦境的人来说，一个无须争辩的事实是：人在死后又"复生"，并在他们的身体不复存在的地方说话和活动。但是，就鬼魂来说，它并不是神，只是一种怪异的被造物，生活在这个现实世界里。信仰宗教的人总是在具体可靠的物体中寻找崇拜的对象。正是一个被环境所迫提出的、牵强附会的假想，让我们理所当然地认为，人把他梦境的实质转移到了大自然中，并以此来解释对太阳、海洋和造物主的崇拜。神不是一个真实存在的物体。除了在深奥复杂的神学领域之外，他的无形性没有超过其现实性。毋庸置疑，以粗浅或比喻状态，神才可以呈现在他的作品中，呈现在大自然的雄伟中。我们可以从这些表现中来推测或解释他，但却不能确定他就真的显现出来。"诸天讲述神的荣耀，穹苍宣扬他的手段。"注重现实的观察者的眼里，即使把它置于望远镜的前面事实也并非如此。

由此，已经没有其他选择。我们不得不得出这样的结论：只要宗教是普遍的，它就一定来源于人与环境的结合。它的基础是人发现自己所处的环境，这一环境由两个相辅相成的部分所组成：人和他生活的世界。

生活可以广泛地概括为在已有环境下寻求某种东西的过程。人向目标靠近，并受到已有条件的制约。如果我们站在戏剧的立场来看待我们的环境，把主人公的角色由别人扮演，那么，得到的事实是他对环境的依赖。换个角度说，他不惧怕那时危险的环境而存在，他是在这一环境出生；他所得到的一切东西都是从环境中索取的。也就是说，生活必须依照其环境所给予的条件来管理。但在宗教出现之前，我们只能设想，大自然的很多东西已经被生活所获取，并为自己所用。在人有了自我意识的时候，就已经能够控制很多东西了。人可以在地球表面到处走动；人可以凭借自身之力，获取食物和居所；并且，人可以通过个人的勇敢或者通过联合行动来控制他人。然后，在某些范围之内，人就可以遵从自己的意愿来把握自己的命运。当然，在人类发展的早期，这些范围极其有限，但它们似乎从来就没有无限宽广的时候。人可以自欺欺人，他可以吹嘘自己的能力，或者专注于自己要干的事，以此来享受美丽而自足的幻想。可是，与人类曾经有的依赖感比起来，西方的、现代的、"文明的"

自我吹嘘不是很完美很有分寸感吗？无论怎样，他总是不断地让我们认为环境中还剩下很大一部分不在他的控制范围内。人总是在谋划，但仍然有些事情超出了他的能力范围。洪水、干旱、瘟疫、严寒、征服、失误、挫败——这些都是不可避免的事实，教会我们领悟和理解这样一个弱点：人是有依赖性的。最令人印象深刻的，也是最难以回答的事实就是死亡。通过辛勤努力取得的全部个人成就，奋斗和成长所获得的一切果实——金钱、权力、友谊——刹那间全都化为乌有，而且消失得如此轻松。

那么，人应该如何从这一痛苦的弱点中抽离呢？如果他还要活下去，就一定不能绝望，因为活着就有希望并可以找到一条逃离困境的道路。活着就要明白，有限和依赖就需要帮助。如果人所不能支配的力量掌控着他的命运，那么他就不得不努力战胜它们，或者跟它们成为朋友。我相信，宗教的本源就在这里：人认识到自己的软弱，才会设法与那些具有决定性的力量联合起来。宗教是一种需要感，是一种这样的信念：它能够为自己获得的、只有世俗的优势都是不足以依靠的，它必须通过与控制自己命运的东西达成一致才可以解决困惑。宗教建立在恐惧之上，在希望中发展。

这也许有些奇怪，一个人怎么可能只阐释宗教而不涉及到神。但这一行为的理由是：神不是宗教的起因，而是宗教的产物。正如我们已经了解到的，神并不是现实的，而是一个人们为了满足宗教需要而向其求助的幻影。我们可以回顾一下宗教所产生的各种不同类型的神。

神的类型

　　最普遍的崇拜对象是大自然的某个奇特的景观或现象，比如，天空、太阳、月亮、星辰、大地、海洋、江河、风、季节、白昼和夜晚。在科学被人掌握之前，人类是不能控制这些现象的运转的。它们究竟是以适度的雨水、肥沃的土地、平静的海洋和温和的气候来滋养人类，还是用干旱、洪水、风暴和极度的冷热来折磨、摧毁人类，对于这些，人类既不能预言，也不能决定，只能在等待和恐惧中希望和祈祷。毫无疑问，人们的希望和祈祷，是任何生物对自己控制不了的决定自己命运的东西的本能表现。太阳因此被认为能够赐福或毁灭生灵，于是，一个祈求的对象便开始成为神。但还有一个因素，它对于神来说几乎是必不可少的。那就是人们通常说的"人格化"。被人崇拜的是太阳身上的"神灵"，或者说是被解释为神灵的太阳。但我认为，这个因素也是直接来自生活实际的，而不是来自崇拜者任何形而上的理论。它是下面这个普遍事实的结果：我们总是倾向于把兴趣或意志传达到任何可以帮助或阻碍人们希望的事物上。我所指的并不是说对这种结果有什么准确的判断，而是说我们心理上的或实际上的反应等同于我们给予其他生命个体的反应。动物会对攻击的棍棒表现出愤怒，孩子会迁怒于那些"拒绝"堆积起来的积木，就像他的父亲会在自己的膝盖上折断那根不好用的高尔夫球杆来惩罚它一样。同样，一个人喜欢、赞美、爱抚或装饰他可以从中得到愉悦或其他好处的事物，也是出于人的本性。这些表现其实是把一种态度归咎于他们的目标物，当结果是伤害的时候便表现出恶意或敌对的反应，当结果是愉悦的时候便表现出善意的态度。我认为，这就是宗教人格化的根源。太阳，如果它的结果对人类有帮助，就是一个应该对它的照耀表示感激的目标物；而如果结果是有害的，那么它就是一个应该恐惧的目标物，所以祈祷希望以此消除它的敌意，得到它的帮助。这时的太阳，就是太阳神。这种心理状态，包括控制人的力量，究竟在什么程度上与那个显而易见的实体的太阳分离开来，并被当作"神灵"，并不重要；这样一尊神，他自己的历史究竟在怎样境况上脱离了他对人的掌控，也并不重要。对于希腊人丰富的想象力来说，太阳神成了艺术、诗歌和传说中生动表现的对象。但对于像那些讲求实际的民族来说，正如穆尔教授所阐述的那样："知道神明们在干什么，知道他们的崇拜者为了获得神明的帮助而去做什么，这就足以了，不必要总是想象他们看上去是什么样子。"

第二种类型的神是祖先：实际的人类祖先，图腾崇拜中的神秘动物祖先，以及被指定为祖先的所有神，就像基督教的上帝被他的信徒们尊为"天父"一样。与崇拜对象有血脉关系的观念极为常见，根据到上文所述的内容，其动机是可以理解的。血脉关系意味着同盟，意味着友好和信赖的存在，或者要求得到支持的正当权利。一个已故的祖先属于另一个世界，所以那些他无力掌控的恐怖力量也来自那个世界。他们在那里存在，那里就有自己的盟友。围在一个人身边的，并不是那些毫不相关的陌生人，而是那些通过不可分割的纽带与自己密切相关的人，是站在自己一边的盟友。

第三种类型的神是守护神，这是专门为了满足某种特殊心理需求而幻想出来的神。他可以是个人的、部落的或种族的守护者；也可以是某种个人或社会活动的保护神，比如，掌管农业、战争或航海的神，以及守卫家庭的灶神。这是由于迫切的需要而创造并具体化了的神的实现。

上述这三种神的概念往往会统一在一个地域的部落神身上，"一方面，他与一个人类种族有着天然的联系；另一方面，他与一个自然领域也有着密切的联系"，这样，"崇拜者就与他的生存环境中某些难以控制的部分结成了牢固的长久的同盟"。[①]

何谓最高神

还需要提出一种神的定义，即最高神。当人们的智慧、想象力和社会交往范围逐渐扩大的时候，人们不可避免地会把一个神崇敬到所有其他神之上，或者把所有其他神摒弃在外，只崇拜这个神。这样一种宗教观念来源于自然统一或人的统一的意识。在自然的力量当中，存在明显的等级制度；由于部分力量低于其他力量，因此把某种力量想象为最高力量也就是理所应当的事了。对感官来说最显而易见的是天在上，地在下。因此在中国人心中"天"是最高神，而在希腊人心中宙斯是最高神。与此同时，守护神和祖先神当中也有等级差异。正如个人、特定领域、部落或者地区的保护神往往在民族神之下，反过来，民族神也总是服从于一个征服这个民族的神。与征服的观念息息相关的，是主宰一切的神的概念：即统治阶级的神。还有，一个守护神得跟他所主管的那项活动一致。一项活动中众多守护神可能被当作一个整体，虽然他们是不同宗教的组合体，由此产生了这样一种神的观念——神应该是普遍的，因为他所掌管的事物是所有人都参与的。而所有人都因为他而尊崇优先于家族、部落和民族的神。因此，有一些独立的需要，便发展成了一种普遍

[①] 罗伯逊·史密斯. 闪米特人的宗教（*The Religion of the Semites*）. 第 124 页.

的宗教，比如，基督教，它是所有人的神，不论时间、地点、民族或身份。

那么，从所有宗教（包括高级的和低级的）共同具有的普通意义上看，神就是某种不被人所控制的能力，比人的命运更强大的力量，由于它被解释为友善的或恶意的，所以人类要尽全力获得它的帮助。同时，提出崇拜所产生的两种不同的目的也至关重要，它们与崇拜者和他的神通过建立和谐的两种不同的形式紧紧连在一起。或者说，一个人可以有自己的方式，也可以服从于神的方式。下面这个事实把宗教应用阐述得很清楚：有两种情形可以得到心理满足和内心的平静——或者使自己的欲望得到满足，或者满足所获得的一切。因为，宗教一直在这两端之间徘徊。前一种方法是自然的、合理的，这显然是宗教崇拜中比较早的目的。人渴望食物、生命、战胜敌人，他试图在获得这些的过程中得到神的支持。但他不愿意做出让步。他祭祀供奉神，恪守各种禁忌，遵守他的神所规定的要求和准则。一个共同的宗教经验是：获得神的青睐的条件变得越来越苛刻，而可以得到的利益却越来越不明显。因此就产生了哲学家所说的"恶的问题"，我们可以在《约伯记》中找到基督教对恶的经典解释，约伯"完全正直，敬畏神，远离恶事"，痛苦和灾难却不断降临到他的身上。约伯对他的问题的解决办法就是要完全屈从于上帝的意志。"我赤条条出于母胎，也必赤条条归回。赏赐的是耶和华，收取的也是耶和华。耶和华的名是应当称颂的。"[①] 最终，"耶和华赐给他的，多于他从前的所有。"[②] 显而易见，一种彻底舍弃自我的宗教根本就不存在。只有通过崇拜才能得到神的赏赐，不然就不

---

① 《旧约·约伯记》，第 1 章第 21 节。
② 同上，第 42 章第 10 节。

会产生崇拜的动机。宗教深化的方向是：在宗教所规定的生活方式里去发现更新更大的善，来代替肉体上的或世俗的恩赐，一开始，人就是为了这样的赐予而祈求神的帮助的。宗教因此变得更具教育性。宗教给予人的，不只是满足生理和世俗需求的方法，更多的是对这些需求的轻蔑，并教育人学会其他的方法。这种自我意志和甘于屈从混合于宗教中，才让敬畏变成了典型的宗教情感。神既是一个人达到自己目的的手段，也是这一目的能够构建的依据。

克己的宗教

印度的哲学宗教，或者叫密宗，是最接近于完全舍弃自我的宗教。这一宗教的所有衍化物都反映了一种对生活的基本态度，也是一种感觉：任何善都不可能通过持久的努力产生。达到欲求的努力是无望的。印度人并不沉溺于绝望，在这方面他与他的西方兄弟不同，后者祈求得到神的帮助，在遥远的将来，或者实现个人幸福，或者达到所谓的"文明"的完美，而前者则认为全部努力都是建立在错误的基础之上。它注定失败并不代表真正失败，只是采用了错误的标准来定义成功而已。根据《奥义书》中的教义，哪怕是独立的个体，也是一种因为欲望而存在的幻觉。

在婆罗门（更深刻的世界统一体）中，个体是真正存在着的，并得到了救赎。

神的观念，不是作为宗教的起源，而是宗教的产物，在我们真实思考与衡量佛教的时候就很明确了。因为佛教实际上是一种没有神的宗教，这好像有些自相矛盾。当然，佛陀本人也开始像孔子一样成为宗教的一个目标物。每一个宗教创始人都被他的信徒们神化了。但佛陀并没有，他教导人们把神灵只当作是一次短暂而虚幻的过程。受苦是生存的普遍常态，生存是对欲望的惩罚，重生要经历痛苦，它是命运和前生注定的。命中注定的生存轮回，是因为生命始终在不断创造能够让自己转世和活下去的条件。救赎并不代表生存的成功，不代表欲望的满足，而是通过征服欲望来脱离现世。这种宗教里是没有神的，人们没必要通过它呼唤自己的需求。但它确是宗教，毕竟它是一种救赎手段，目的是把人从困境中解救出来。以别的观点看来，涅槃基本等于毁灭；但从人的方面看（他意识到了自己的弱势和失败），涅槃则代表着救赎。它是一种生活哲学，是人与周围环境之间的一种和谐，这种和谐帮他赢得了他所能想象到的最大好处。

想要理解宗教著作的一般范畴，只掌握宗教的普遍原理是不行的。你必须认识宗教在人类生活中所呈现出来的一些形态；特别是要了解一些它在某些层面与科学、另一些层面与艺术和诗歌之间的关系。

宗教与科学

我们一般理解科学是建立在事实和严谨推理上的知识。而要把宗教文献归于科学，将其解释为人的理论化水平和认知水平的成果，显然是偏离了正道。在当今，这个问题中的复杂内涵也许比过去任何时候都多。质疑的不断增加，以及科学对宗教信仰的批评，引发了各种不同的尝试，希望通过确定的"信仰"行为，或利用它们主观的意识，来延续这些信仰。自从在 14 世纪天主教正统信仰获得主要地位以来，就开始出现稳定的发展动向：要把不断发展的基督教教义——约拿与鲸鱼的故事,《创世纪》中关于世界诞生的记载,甚至还有《新约》中的那些看似荒诞不经的东西,作为符号、传统、诗歌,以至于作为一个信仰系统的个体部分,给予它价值。而评判一个整体的信仰系统,不是依据历史经历,而是根据它对信徒的安抚结果,以及重新获得新生的体验。但是,如果我们意识到宗教能够产生是原始的人类需要,那么毫无疑问,一种宗教想要满足这一需要,就必须以真理为核心。在宗教里,人们很想与未加修饰的事物建立起有帮助的联系。人们也想达到与现实相一致,并以此来达到对灵魂的救赎。但是,如果不了解现实的本质,那么他的整个想法就建立在错误的地基上,便注定不会成功。如果自然的力量不够强大,或者不能满足人们的需求,那么,崇拜它们就没有意义。如果没有办法彰显正义,那么,基督徒的愿望就是不真实的,他的祈求和崇拜就是徒劳的。总之,任何宗教都是发自内心地相信他所崇拜的东西,如果这个东西不是真的,那么宗教就是虚妄的。

虽然每一种宗教里都包含一定的科学,但占的比重很小。因为,宗教与严谨意义上的科学有所不同,从宗教的角度看待事物,他们认为,人是宇宙的中心。宗教之所以对宇宙频频提及,是因为它们关系着人们的命运。因此它的终极不是表现对事实的评估,而是表现在情感中,如希望、畏惧、信任、绝望、崇敬、热爱、感激或自我服从等。它面对的是宇宙,宇宙被崇拜者的崇拜赋予色彩。因此,很多宗教文献,例如,《诗篇》(*Psalms*)或圣奥古斯丁的《忏悔录》(*The Confessions*),从内容上看都是宗教情感的表现,是对神的阐述,使用的是表现崇拜者的感受和观点的语言,而不是使用冰冷的科学术语。

宗教中的第二个非科学问题,是想象力和社会传统所带来的部分。宗教与理论不同,理论出现在信仰之后,而不是之前。只有当宇宙奥秘的某些认知被人所掌握、并成为其生活的普遍知识之后，宗教才是有效的，才会发挥它的作用。当个人开始修行的时候，佛教才成为一种宗教。在一切重要的历史性宗教中，基本教义不仅被个人，而且同时也被社会认同。只有这样，它们才能被社会群体所供奉，成为社会崇拜的对象。宗教想象力的力量，在于使这些科学想象变得充满生机并能够深入人心。有生命力的宗教并不是一系列有关宇宙力量的及作用的讨论，而是这种讨论的意义的实现。在想象力的帮助下，宗教真理被包装得深入人心，并能够引起人们的喜爱，从而激发行动。社会对应物存在于传统和象征主义中，它使宗教情感和宗教实践达到了持续性和统一性。或者说我们希望在一切宗教表达——如宗教文学——中找到某些基本设想，它们可以被转变为科学命题；这些设想被一些想象性和抽象性的表象所覆盖，而它们的价值就是在这种表象之后得以实现。

宗教不同于科学还有另一个重要的层面，那就是它的过程超越了证据的局限。没有任何一种宗教可以达到科学理论所要求的那种论证。宗教是黑暗中运动员，因为，为了现实的动机，它必须对某些问题给出答案，而为了严谨的理论研究，你会审慎作出结论，争取有更多的答案的可能性。生活就是一件要紧的事，有时会处于一个危险境地，或者像威廉·詹姆斯所指出的那样，是一次"迫不得已的选择"。你必须尽快做出决定，否则生活就失去了目标。我们应该如何理解这个世界？为了得到拯救我们到底应该怎么做？信仰意味着要相信具有可能性的东西，而且是深信不疑。因为，如果你似信非信，你就不可能坚持自己的信仰，也就不可能拯救自我。绝对信仰是根据崇拜者所具备的批评和哲学力量的多少而有所区别。但不论在哪一种情况下，都会有一些事实和推论的基础，还有一些

"信的意愿"或对权威的依赖。因此，我们在宗教文学中可以感受到轻率和纵情的态度，这在科学中是不允许。

宗教与道德

虽然是这样一篇简短的导论，也依然要提出一个论题：宗教与道德之间的关系究竟是什么？我们是否应该把《箴言》或《论语》等诸如此类的道德说教当作宗教呢？要明确这个问题，我们只要牢记宗教的普遍意义就可以。一种生活方式，只有当你在有安全感的时候追寻它，并把它构想为得到宇宙本质的承认、并铺好了一条拯救之路时，它才会具有宗教性。如果正义成为实现社会福祉的方式而得到肯定，那么它就是伦理性的；如果它是为赢得上帝帮助的方式，或者是作为实现重生的手段，那么它就是宗教性的。当道德生活以某种方式与宇宙生活相联系时，它就具备了宗教的品格。在"伦理性宗教"中，宗教所认定的生活方式通常与道德规范所认定的生活方式相同，正义被看作是救赎的力量。毫无疑问，这样一种道德规范最大程度地增强了它的魅力。在所有以未来来激励人的伦理性宗教中，宗教都在善的基础上增加了对自然的征服力或胜利感。正确的生活方式在表现现实方面，在担当的基础上，增加了信任、鼓励、美好的憧憬和杰出的功绩。哪怕是带有悲观色彩的伦理性宗教中，道德也赢得了敬畏，因为在逃离现世苦难中它起了很大作用。在不考虑它的主张和信仰的情况下，道德从宗教意识中得到了支持，因为宗教鼓励人认真地对待生活。它使人不再局限于激情的诱惑和现实利益的制约，它使宇宙保持丰富的想象力，它让人重视生活的问题，重视它内在的和外在的所有的方面。

现在，可以得出下面的这个公正的结论：宗教具有两个意义上的普遍性。一是，它源于大众的需要；二是，它具有普世价值，不管它有多少缺陷，但总体上它都能够促进生活更好地发展，提高生活的品质。真正的宗教总比假宗教好，同理，有宗教总比无宗教好。

佛　教

查尔斯·罗克维尔·兰曼[①]

　　释迦牟尼（也称觉者或佛陀）的一生，一共 80 年，前后可分为两个时期，前 35 年为前期，后 45 年为后期，这两个时期以他的"觉悟"或"菩提"事件为界线。前 35 年又可以再分为两个时期，前一时期是他身为王子的那段时间，也可以说是从他出生到他为探求最高觉悟而抛弃尘世（即 29 岁开始）的那段时间，后一部分就是为此奋斗的 6 年，这 35 年我们有具体的记载。至于后 45 年，传记中可讲的故事不多，但有一些是关于他的教义的传说。写在佛教经典中的这些教诲，实际也是他最真实的生活。

---

　　① 　查尔斯·罗克维尔·兰曼（1850—1941 年），对梵语有深入研究，1880 年主持哈佛大学印度—伊朗语言系（1902 年改名为印度哲学系）。最主要的成就是编辑《哈佛东方丛书》（*Harvard Oriental Series*），同时还翻译出版了一些著名的梵文文献。

佛陀的诞生

在佛陀之前的时代，印度就流传着这样一个广为人们所接受的说法：一个人必须经历出生、生活和死亡，而且还有一个令人恐惧的生死轮回的反复过程。因此，佛陀的传记必然包括关于他的前生的记载，须弥陀智者的记载就是其中之一。所有佛教故事最吸引人的是《本生经》，（*Jataka*）它讲述释迦牟尼的前生 547 个故事。在讲完这些前生故事之后，就是我们最关注的关于佛陀出生的记录，他的实际出生时间是公元前 6 世纪，这是沃伦的第二个译本《佛陀的诞生》（*The Birth of the Buddha*）的主要内容。对于研究宗教传说的人来说，把传统经文中的枯燥陈述跟饶有风趣的故事相比较是最有收获的，因为从中可以看到虔诚信徒充满感情的想象力所以用生动的细节来表现那些平淡的故事。佛陀的诞生，就是弥尔顿的赞美诗《基督诞生晨颂》（*On the Morning of Christ's Nativity*）的翻版。作为古老故事的一个实例，可以加上后来的一个传说：佛陀是从他母亲的右肋生出来的，这个传说不仅出现在《普曜经》（*Lalitavistara*）中和圣杰罗姆身上，在很多雕刻描绘的场景中也有。

佛陀的教义

佛陀的教义事实上就是他的真实的自我。在一个陶匠的家里，跋迦梨躺在床上已经奄奄一息。世尊（佛陀）附在他的耳边，和蔼地询问他还有什么想法。跋迦梨说："一直以来，我都想去见世尊，可是我现在已经没有足够的力气去见他。""跋迦梨！见法者就是见我，见我者就是见法。见我这衰老的躯体又有什么用处？"世尊把自己与他的教义完全等同，正如耶稣对多马宣布："我就是道路。"① 但是，虽然佛陀把他自己融入教义中，有两件重要的事情应该知道：一是佛陀明确地拒绝迫于权威而接受他的教义；二是，因为这些教义的优秀本质，才会在长达 25 个世纪一直是世界性强有力的力量。

那么，首先来看看他是怎么看待权威的。世尊云游憍萨罗国时，在伽蓝人的小镇羁舍子逗留了一阵。人们问他："大德！有沙门、婆罗门大家来至羁舍子，尔等只自说。反对者，则驳斥他说、轻蔑、鄙视、抛掷。大德！还有他类沙门、婆罗门都来至羁舍子，尔等即皆只自说，反对者，驳斥他说、轻蔑、鄙视、抛掷。大德！对那个人等，我等有惑、有质疑——你们这些沙门、婆罗门当中，谁说的是真实？谁说的是虚伪？"佛陀回答说："各位众生！汝等勿信风说，勿信臆说……虽说［此］沙门是我等之师，勿与信之。伽蓝众！若汝等只自觉此法是不善，此法是有罪，此法是智者所诃毁者……则伽蓝众！汝等于时应断［彼］。"② 他还说："不疑不惑，无缘他事，是彼智生。迦旃延！如是乃正见。"③ 对于 20 世纪的我们来说，也许很难正确地理解佛陀这一立场的意义。因为他所生活的那个社会和时代，人们几乎完全遵从权威。像他那样与权威抗争，体现了超人的智慧和极大的勇气。

其次，再看看佛教教义内在的优秀品质。从以下几个短语就可

---

① 《新约·约翰福音》第 14 章第 6 节。

② 《汉译南传大藏经》，慧岳法师编，第 19 册，叶庆春译，《增支部经典一》，第 268—269 页，元亨寺妙林出版社，高雄，1994 年 6 月。

③ 《汉译南传大藏经》，慧岳法师编，第 14 册，云庵法师译，《相应部经典二》，第 19 页，元亨寺妙林出版社，高雄，1993 年 8 月。

以看到佛教教义的特征，它们是日常用语，在经文中并被当作虔诚的佛教徒追求或"修行"的四十个主题之一："法乃由世尊善说者，于现世不隔时而有果报，可得说来见之法，而导于涅槃。识者各各应自知之法。"① 在这里对死后所发生事情的认识，佛陀坦诚地予以否认了，因为他更希望解决当下的悲苦问题，并使人们走上正义与慈悲的道路，抵御欲望的诱惑，从而最终解除人间的悲苦。一位自称门徒的人曾经请求他解答关于人躯体死后一些教条问题。佛陀对此避而不谈。这是我们在古代发现的"宗教对教条"的最好范例之一。他认为，圣洁的生活不应纠结于任何这样的问题。

如果在四十年前有人要求当时的一位医生预测医学接下来的发展，他很有可能会预言一些新特效药的发现，比如，治疗疟疾的奎宁，因为医学的主要任务是治疗疾病，坦白说，我们从小时候起就听人说，一盎司预防抵得上一磅治疗。但是，如何才能做到一盎司的预防呢？显而易见就是要找出病因，这大概算得上是现代医学最重要的成果。当今，在精神的领域里，佛陀要解决的，正是人类悲苦的源头问题。他在自己第一次传教中公开提出解救之道，其中心思想注定要无数大众所了解。

他的关注点是人类痛苦的源头，而且他在对生存（不论这种生存有多高贵）与快乐的欲望与需求中找到了原因。只有克制这些欲望与需求，你才可以得到拯救：达到永恒的涅槃。也就是说，（就今生而言）人只有摆脱欲望、邪恶之念和迷惘，才可以脱离再生的轮回。

---

① 云庵法师译，参见上引书第 250 页。

佛教与其他宗教

我们不必讨论像涅槃这样一个复杂的主题，也不用妄求公正地评价佛陀所出具的抵抗一切欲求的良方，显而易见的是，他的道德说教，如同他没有缺憾的人格一样，经受了不止千百年的考验。鹿苑传教在自我惩罚的生活与安闲奢侈的生活之间大力提倡中庸之道，并总结出了"八正道"，就是在意识、语言和实际行动保持正直的状态。人们普遍认识到了佛陀教义与耶稣教义之间有很多相似之处值得人们关注的。① 我们不用对此感到意外。我们没有理由认为二者是互相借鉴的。如果我对"三角形的内角和等于两直角"这个结论给出一个原创性的证明方法，我的证明在原理上一定跟毕达哥拉斯的证明完全相同，因为数学的原理并不会因人而异、因时而异。善的真理也是这个道理。因此，宣扬正义的伟大导师，他们的很多教义一定是相同的。

另一方面，我们发现佛陀的教义着重强调《福音书》中极少甚至没有提到过的东西。不要慌乱，不要忧愁，简单地生活；不要接受建立在他人的权威或任何其他权威之上的信仰；不要让你的支出超过你的收入；主人与奴仆的关系要好；有行善的责任，不只要与人为善，对动物也要和善。这些都是佛陀的布道所谈的主题，有时还有一丝幽默感，有时候具有同情心，始终是亲切、睿智而真诚的。

---

① 阿尔伯·J.埃德蒙兹在他的《佛教及基督的福音》（The Buddhist and Christian Gospels，第四版，两卷本，费城，1908—1909）中阐述了这一观点。

儒 教

阿尔弗雷德·德怀特·谢菲尔德①

儒教，与佛教和道教并称"三教"，被称为中国主要的三大宗教，但我们很难像定义大乘佛教或罗马天主教的那样把它确定为一种宗教。因为它既没有教义，也没有教士。虽然孔子生活的那个时代也有祭拜仪式，但没有任何形式的礼拜。春秋两季，在中国很多地区，"孔庙"的红墙大殿内由各地方官员主持的纪念仪式，并不是为了表达对这位圣人的崇敬之情，而是一个纪念孔子的非宗教仪式。实际上，在孔子去世几个世纪之后，这种纪念逐渐接近于宗教崇拜，女人甚至向孔子祈求赐子，这被看作是一种迷信的、不合常规，进而在被皇帝诏令制止。实际上，儒教也有自己的"圣经"，其中包括九部经书，都归于这位圣人的名下。但这些经书并不代表神，除书中所记述内容，没有任何有关神的启示。这些书教给人们有修养的

---

① 阿尔弗雷德·德怀特·谢菲尔德（1871—1961 年），出生于中国北京，1897 年获得哈佛大学文学硕士学位，之后在哈佛大学及其他多所大学任教。主要著作有《旧约叙事》（*The Old Testament Narrative*，1910）和《语法与思考》（*Grammar and Thinking*，1912）等。

生活观念和社会理想。它已经成一种民族的宗教融入到古老民族的自然与祖先崇拜中。你也许会认为，儒教的本质是一种积极的生活态度，它只是对孔子的间接崇拜，这与罗马人当中的斯多葛学派十分相像，把对既定崇拜的忠诚当作一个原则问题。

孔子的教义

只有把孔子放在他存在的历史背景中才能真正认识他。有人指责这位圣人的思想是倒退的、迂腐的；但你不应该说他只想回到"过去的美好日子里"。当他在周的朝廷上第一次查看祖先神祠、组织每年一次的祭天仪式时，他疾呼："夫明镜所以察形，往古者所以知今。"① 这是树立了治国的理想，他生活的那个时代距离这个理想还很遥远。周王朝虽然出过几位有才干的帝王，掌控着整个黄河流域，却在公元前 6 世纪日益衰落，甚至只能靠封建帝制来维系。周天子沦为徒有虚名的帝王，古老的帝国疆土分崩离析，落入强大蛮横的诸侯手里，他们都为自己的利益而战。孔子时代的中国，与路易十一颠覆封建贵族权力之前的法国很相像。

第一部儒学经典"五经"就是尊重历史的产物，据说孔圣人是其中四本书的编撰人，这"五经"分别是：《尚书》，内容是过去的文献，涵盖了从公元前 24 世纪至公元前 8 世纪的那段历史时期；《诗经》，收入了三百零五首诗，这些诗的创作年代大约是从公元前 18 世纪至公元前 6 世纪；《易经》，可以说是古代的一本讲解占卜方法的书；《礼记》，汇编了这一时期的礼仪惯例；《春秋》，是孔子的

---

① 《孔子家语》卷三《观周》。

故乡鲁国的编年体史书（公元前 722—前 484 年）。第二部经典"四书"记录了孔子的真正教义。这四部书中，《论语》《大学》，是孔门弟子曾参所作，论述了修身、齐家、治国、平天下的理念；《中庸》是孔子的嫡孙子思编写的一部关于品行的作品；《孟子》，其作者也是一位伟大的儒学家。

儒家学说的一些独有的特征可以总结为这样几点：

第一，孝是最重要的伦理美德。一个孝顺的儿子要在五种关系中尽职尽责，这五种关系分别是：父子、君臣、夫妻、兄弟和朋友。这样的观念，自然会受到中国社会体制的支持，因为当时的社会是家长制的，是以家庭（而非个人）为社会基本单位。在祖先崇拜中对家庭的忠诚已经成为一种具有宗教意义的责任。在此，孔子是在强调他对中华民族习俗的赞同，这一习俗在早期的颂诗中就有所表达，即向亡灵供奉酒食。这种家庭祭祀到底能否称为真正意义上的宗教崇拜，是值得探讨的。有人把它等同于法国人在万灵节上装饰墓碑的习俗。但它牢固了家庭成员之间的关系，在不断逝去的一代又一代人当中牢固树立了家庭统一和永存的观念。

第二，人与人之间应该本着"互惠"规则。"己所不欲，勿施于人。"（《论语·颜渊》）仁爱（对儿子和兄弟之爱的延伸）是对待他人应有的态度，但要避免愚蠢。当被问孔子对老子"以德报怨"的态度时，孔子的回答是："何以报德？以直报怨，以德报德。"（《论语·宪问》）

第三，"君子"是道德力量的主体。人性本是善的，所有的邪恶都因为不当的教育和不好的样本。而君子的美德则会起引领作用。因此孔子要培育"君子"品格——这样的君子有智慧和道德懂得礼节，以至在任何时候他都懂得什么是对的。拥有这种品格的人正直而沉稳，也可以说是为了美德而实践美德。"君子求诸己，小人求诸人。"（《论语·卫灵公》）

第四，孔子对于神灵世界的态度是虔敬地持有不可知论。对于死亡和未来的情况，孔子通常并不多言。"未知生，焉知死?"（《论语·先进》）他常常提及"天"，他并不是有意回避"上帝"这一人格化的用语，他的言论有许多对人信任的记录，但他将关于存在的本质和世界的命运的思考都仅仅视为白费心思。当听说两个丧去朋友的人用"生是梦，死是醒"的这句话来自慰时，孔子说道："彼游方之外者也，而丘游方之内者也。"（《庄子·大宗师》）

总之，孔子并没有创立任何宗教体系，但是他却通过传播其伦理意义，建立了一种教义。他的重心在做于社会有用的人，他一板一眼地履行宗教仪式，其目的是为了达到"社会和谐"作用，而不是出于对宗教的热情。"子不语怪力乱神。"（《论语·述而》）——就是理性的克制。

儒家的影响力

长期以来，中国的精神生活都受儒教支配，在西方学者的言辞中，儒教与民族精神两者达到了和谐。实际上，它是在不断遭受非议与诋毁中成熟起来的。孔子去世之后的 200 年里伦理学理论一直在互相对抗着。杨朱提出了一种轻物重生利己主义。墨子提出了一种与这一学说针锋相对的激进的利他主义，提出兼爱来医治社会的混乱。老子对孔子的性善提出质疑，认为人性之向善，就像水之东流，或者柳树条做成器具。面对所有这些争论，孔子最伟大的追随者孟子（公元前 372—前 289 年）为他进行了辩解。但儒教还不得不面对另外一些思想体系，而这些思想体系所表现出来的宗教吸引力比儒教所提倡的更加积极。于是道教粉墨登场，宣扬顺从"天道"，并得到了中国最有智慧的文人庄子的支持。庄子的倡导神秘主义的："天地与我并生，而万物与我为一。"（《庄子·齐物论》）而这一学说最终被孔子学说打败的原因，大概是正如历史学家司马迁所解释的："其言洸洋自恣以适己，故自王公大人不能器之。"（《史记·庄子列传》）但孔子对亡灵的解释保持沉默，恰好给佛教提供了机会，后者用大量的细节描述了人死后的状况，而这正是人们的想知道的。其实，佛教的悲观主义哲学跟中国人的本性气质并不相符，但佛教宣传的报应学说和拯救之道赢得了人们的认同。从公元 5 世纪起，佛教与儒教的冲突有增无减，最终走向衰退。但即使在佛教衰败的时候，佛教也为老百姓所信奉的泛灵宗教提供了很多理论和实践。儒教在佛教的衰落时所取得的胜利并不单纯是对孔子和孟子学说的重复。道教和佛教提出了人类必须面对的宇宙论问题。于是，从周敦颐（1017—1073 年）开始的新儒教在《易经》的基础上构建出了崭新的宇宙哲学，从两个角度描述了世界：从物质起源到人的智慧，它们一方面构成了五种基本元素和一切感官素材，另一方面引发了一切智慧和道德伦理。新儒教中最伟大的人物是朱熹（1130—1200年），他对经文的评注在当今看来都是权威性的，他阐释出的家庭礼仪和举止规矩把儒教的行为准则带入了普通百姓家。

1906 年，孔子被皇帝"奉为神明"。之后，随着共和主义的兴起，出现了一种思潮，它不仅抵制对孔子的封圣，而且反对整个保守的传统。这场运动如今仍影响深远。但是，在西学东渐的知识革新，儒教的未来会怎样，恐怕我们只能臆测。你也许希望，这些曾经对东方民族文化的精神产生深远影响的伦理体系，能够以耳目一新的形式保存了它的生命力。在西方批评者的眼里，孔子赢得了人们对他的尊崇。在现实中，也确实没有任何人能够像孔子一样有吸引力。

希腊宗教

克利福德·赫歇耳·摩尔[1]

希腊的宗教涵盖从历史开端到异教终结生活在希腊土地上的各个民族所有的宗教信仰和宗教行为。与基督教相比，它没有明确启示教义的实体，所有神殿对每一个祭拜者，没有统一的信条或固定的仪式约束，但在各地可能会有自己独特的神话和习俗，一个人的信仰比较随意，只要不公开冲撞传统。没有神职人员会刻意把他们的法令强加给社会，只有本地的习俗可以左右仪式和信仰。

希腊的宗教具有混合性特征。以我们从希腊当地和克里特岛的发掘结果来看，早在公元前第二个千年，这些地方的居民对他们的部分神祇就有了生命的概念，换句话说，他们在自己的艺术作品中，把神祇想象得和人一样；另外，在接下来的几百年里，神石、神树和符号等一些原始意义依然保留着。但是，认为希腊宗教起源于对

---

① 克利福德·赫歇耳·摩尔（1866—1931 年），精通拉丁文学，1898 年执教于哈佛大学。主要著作有《罗马帝国早期异教徒的不朽观念》（*Pagan Ideas of Immortality During the Early Roman Emipirt*，1918）和《希腊人的宗教思想》（*The Religious Thought of the Greeks*，1925）等。

自然物体和自然力量的崇拜的观点是错误的。当然，对自然现象和无生命对象的崇拜，对祖先的崇拜或对动物的崇拜，对希腊宗教确实产生了影响。但是，现在，想要找到不同历史时期构成宗教的所有因素这一愿望是无法实现的。所以说，希腊人崇拜很多自然存在的灵物，它们存在于整个自然界中，在人类生活的每一个地方都有它们的影子。绝大部分希腊人认为，世界充满了不同层次的神性存在，人们必须得到他们的厚爱与关注，才能通过献祭和祈祷来消减他们的恶意。

荷马与赫西奥德作品中的宗教

最早的希腊文学作品《伊利亚特》和《奥德赛》展现了一个诸神的世界，而他们在一起组成的那种社会组织，与荷马时代的城邦极为相似。为首的是宙斯，他是众神之父，也是众人之父，而他在奥林匹斯山上所掌握的权力，就像阿伽门农在特洛伊城前的希腊人当中所掌握的权力一样；赫拉虽然是宙斯的妻子，但她处于从属地位，与海神波塞冬同等。战神阿瑞斯和爱神阿佛洛狄忒代表了杀戮和爱；火神赫菲斯托斯，阿波罗的妹妹阿耳特弥斯，更高级神祇的高级仆人与随从和人类的伙伴赫耳墨斯，以及另外一些神祇，则算作更低一级；而颇有名气的得墨忒耳和狄奥尼索斯，在奥林匹斯山上更是地位低下，所有这些神祇都被描绘得比凡人高大和强壮、更聪慧，但他们却同样被身体和心灵的激情所控制；他们相对人的优势仅仅在于他们可以长生不死。在希腊世界的每一个角落，都没有过这样一个受崇拜众神体系。它被地方迷信的优胜劣汰过程所创造，并被改造为迎合了爱奥尼亚人的宫廷口味的模式，因为那些史诗原本就是在宫里吟诵的。然而这些史诗中的众神并没有把本地的神祇赶出家门；但荷马的诗歌在希腊却影响到了每一个地方，以至于在很多地方的神祇都被荷马中的神祇所同化，例如，守护女神雅典娜就是这样获得了史诗中赋予她的那些形象。文学和艺术是不断向前发展的，这就是用荷马的方式来表现更崇高的神祇。

赫西奥德（约公元前 700 年前后）也通过他的《神谱》（*Theog-ony*），对后世产生了深远影响。这是最早试图对神话进行的评论行为，并希望把各种不同的记述归纳为一个统一和谐的整体。此外，赫西奥德的诗歌还带有某些宗教成分，这些在荷马史诗中基本不可能存在。其中最主要的是对死神和英雄的膜拜。在道德方面，我们也发现了更具体的正义和道德秩序的总结；其中对人与众神，以及人与社会的关系的思考比荷马史诗中的要多得多。

虽然有荷马和赫西奥德的影响，但是没有一个神祇或众神的体系可以完全成为所有人都认可的神，每一个神都具有一定的地域限制。单纯善良的希腊人把当地的神祇设想为独一无二的，与同样名字的其他神祇截然不同，就像今天的希腊农民想象他们的本地圣徒一样。可是，随着城市化的进程，去古老的圣地膜拜渐渐变得很不方便，于是，人们便在城市里建立了新的神殿，作为古老神殿的替代品，雅典就这样出现了宗教崇拜的形式。而且，一座城邦的主神获得了地区守护女神的地位，比如，整个阿提卡地区的雅典娜，但并没有完全覆盖或抵制其他神祇。同时，某些宗教中心得以发展，它们为一个以上的城邦服务，例如，得洛斯的阿波罗神殿，演化为所有爱奥尼亚人的宗教中心，以及奥林匹亚的宙斯神殿，所有希腊世界的代表每隔四年会在那里举行盛会。

个人宗教的发展

由此可见，希腊的宗教具有社会性和地方性的特点。家庭、宗族、部落和城邦的成员被崇拜紧紧联系在一起，在这样的崇拜中，个人依靠美德获得在社会团体中的成员身份，这些条件让社会更加团结，并使宗教成了所有市民共同的关心对象；然而，这种共同的宗教崇拜通常会阻碍一切个人宗教的发展去向。但从公元前 8 世纪起，它们发挥了唤醒个人自我意识的作用。人们开始对城邦的宗教传统表现出不满，他们尝试与神祇建立起个人关系，以便满足他们作为个人的宗教需求。从公元前 6 世纪起，这种需求终于在俄耳甫斯教派那里找到了满足方式，该教派的成员希望通过对狄奥尼索斯和一种稳定的生活方式的崇拜，来达到宗教情感的满足，并得到幸福生活的保证。大约在同一时期，一些神秘的宗教仪式脱颖而出。其中最主要的仪式出现在阿提卡的厄琉息斯，在这个地方，纪念得墨忒耳及其他有关神祇的节日从很久以前就已经存在。这个节日最早是农事性的，目的是为所有参与者祈求丰收和兴旺；但在公元前600 年前，它便开始接纳那些相信来生的个人加入，进而转变成了一种宣扬末世论的神秘仪式。在希腊宗教中像这样的活动，通常会毁灭人们对社会性崇拜的依赖，虽然这些古老的宗教崇拜一直延续到了异教的终结。然而，在雅典，公元前 5 世纪发生了一起政治事件，在一段时期内阻止了宗教中的个人化运动。在与波斯的冲突中（公元前 490—前 479 年），雅典作为希腊独占鳌头的城邦开始崭露头角；在随后的半个世纪里，雅典得到了空前的兴旺和帝国的地位，这让它的臣民紧紧地团结在一起，虽然政治党派之间的纷争依然存在。但在上一个世纪，庇西特拉图做了大量的工作，在雅典提升和确立奥林匹亚那种类型的宗教；在雅典力量最强期，城邦宗教的理想应该占主要地位。公民们团结协作，把他们的物质财富和最高雅宝贵的艺术贡献给诸神。

希腊悲剧中的宗教

与此同时，生活着伟大的悲剧作家埃斯库罗斯、索福克勒斯和欧里庇得斯，而他们也是伟大的宗教导师。埃斯库罗斯尝试着按照他的理解来解释更高的宗教真理，并设法把这些真理与道德结合起来。他阐述了罪的性质，认为它玷污了后人，而神的正义一定会对罪恶进行惩罚。他的《普罗米修斯》及其三部曲，生动展现了他的悲剧特征。索福克勒斯强调了至高无上的法律和道德责任的神性来源。他认为，即使受苦者没有罪恶，痛苦也有它的一席之地；心灵的纯净，对宙斯的信仰以及神意的认可，是生活的基本原则。这些信条也是《安提戈涅》（*Antigone*）和《俄狄浦斯王》（*Oedipus the King*）的基础。欧里庇得斯从性情气质来谈及后来的理性时代。他对他认为那个时代不存在一成不变的理论。但总的来说，他对抵抗古老的奥林匹亚宗教还是做出了贡献。但他也不断地鼓励人们对一些生活问题提出意见。在他的《希波吕托斯》（*Hippolytus*）中，他笔下那位纯洁的主人公因为不肯向爱情女神妥协，而被带到了死神的面前。于是，神圣的传统被诗人降低了，在《酒神的伴侣》中，他认为宗教狂热和神灵启示应该高于理性。

自公元前 5 世纪末期，哲学开始从传统宗教的角度对人进行思考。但是，哲学并没有与那个时代的宗教各行其是。最终，个人主义和世界主义的思维破坏了人们对国家宗教的信仰，尽管古老的宗教仪式一直到了古代时期才结束，但它们再也无法恢复到公元前 5、6 世纪时的显赫地位。

帕斯卡

查尔斯·亨利·康拉德·赖特[1]

布莱兹·帕斯卡不仅是法国 17 世纪的伟大作家，他更应该被列为现代文学史上最伟大的作家之一。他在很大程度上影响了当时及后世数不胜数的宗教人士；他是法国文学最重要时代的一位富有个性的大师，很多科学家们也把他看作是一位贡献巨大的数学家和物理学家。

帕斯卡与詹森教派

帕斯卡的名字与詹森教派的历史紧密相连，虽然他在智力发展的各个阶段得到了各种不同的称号，以至于从怀疑论者到信仰主义

---

[1] 查尔斯·亨利·康拉德·赖特（1869—1957 年），曾任哈佛大学法语教授。主要著作有《法国文学史》（*A History of French Literature*，1912）和《法兰西第三共和国史》（*A History of the Third French Republic*，1916）等。

者；但在性格方面却继承了詹森和奥古斯丁教派悲观沉郁的风格。

帕斯卡出生在一个高度敏感的家庭，那里是奥弗涅火山地区一个阴沉荒芜的地方。帕斯卡从儿时起就有过人的智力，根据一位比较偏爱他的姐姐的说法，这位"可怕的天才"（夏多布里昂这样称呼他）在他还把直线和圆称作"长条"和"圆圈"的时候，就自学了几何学，而且解答出了欧几里得的难题。他的智商发展很快，直到病入膏肓，他经受病痛摧残的一生在不到 40 岁的时候就终止了。他占领了那片知识的领域，论证了一些物理学设想，涉足了人们未知的数学境地，他的思想深入到了论争当中，这就是上帝与他所创造的人类之间的关系。

帕斯卡对宗教的忠诚并不是与生俱来的，他也曾有过多次犹豫，也有过打退堂鼓的时候。作为一个凡夫俗子，他结识了许多聪明智慧的朋友，参与反对耶稣的科学讨论，与他人探讨哲学问题。但对我们的主题来说，他生命的真正意义是从他对詹森派教义的信仰开启的。

比利时伊普勒市的詹森主教把自己的一生都奉献给对圣奥古斯丁的研究，以及阐述这位伟大的教会神父的学说。圣奥古斯丁是一些学说的泰斗，就宗教思想来说，这些人信仰的都是决定论，他们相信宗教宿命论，以及与它相关的所有结论，比如，命定论和原罪学说，对于原罪，人的赎罪的付出显然是没用的。詹森的教义被圣西兰神父传送到了法国，圣西兰神父是一个有着严苛而强硬原则的皇家港修道院神父。当时，皇家港被阿诺家族的成员所掌管，耶稣会在原则和气质上与詹森的学说相悖。詹森的学说是一种注重自我和自省的学说，在几乎每一个方面都和加尔文主义类似，在人的内心里激起了不计其数的关于人为什么及何以会存在于地球上这个问题的担心和疑虑；这一学说跟耶稣会的那些温和的教义恰好相反，后者热衷于用愉悦的风格吸引新的皈依者，而不是用可怕和虚幻的东西恐吓他们。因此，便有了阿诺家族和詹森派教徒在皇家港的合作，皇家港修道院就成了宗教讨论的重要之地。

《致外省人信札》

在辩论的过程中，阿诺家族的一位成员邀请帕斯卡对詹森教派相助。为此，帕斯卡拿出了他的《致外省人信札》（*The Provincial Letters*），其中大多数书信据说是一个名叫路易·德·蒙达尔的巴黎人写给外省的一位友人的。因这些信札（是讽刺性辩论的代表），帕斯卡给耶稣会带来了无以名状的毁伤。凭借一些偶尔看上去不是很不公平、但是每一个参与辩论的人都使用过的方法，对一些耶稣会的学说进行了抨击。这些作者阐述的宗教教义（如恩典问题），包括道德上的决疑论——这门学问的研究是为了解决这样一个难题：良心与为不公正的行为开脱之间的矛盾。在 17 世纪发生的一次长时间的论争中，《致外省人信札》出版了，耶稣会最终使詹森教派信徒成为人们鄙夷的不端分子，并且，他们又成功毁灭了皇家港。但是，无论正确还是错误（关于这点，至今依然难以达成共识），帕斯卡到底给了耶稣会士们重重一击，从此他们再也没有从这场打击中站起来，包括法国在内。

《思想录》

在很多方面与《思想录》（*Pensées*）相比，《致外省人信札》不过是转瞬即逝的文学作品。在《思想录》里，我们看到了帕斯卡宗教观的全部内容，这是一部具有法国文学特征的一部杰作。帕斯卡一直都在计划写一部阐述宗教的著作，准备在著作中阐明他对基督教的观点。但是这部作品只是残缺不全的笔记和《思想录》，而从《思想录》中，我们几乎很难揣测出完整作品的鲜明态度。给予我们的依旧是最深刻的思考。

帕斯卡在精神上是个悲观主义者，因此他接受了詹森教派悲观沉郁的奥古斯丁宿命论和他们关于人的罪大恶极和恩典的必要性的观点。他同样深信不疑，人的理性没有能力处理来世的未知问题。帕斯卡深受蒙田嬉笑怒骂的怀疑论的影响，深知无法给出逻辑上的答案。这使他发现，逃离这样的绝境只有一条路，拒绝理性的所有支持和结论，不加思索地投靠上帝。因此，他相信真理和恩典。正是由于这些原因，被人们称为"怀疑论者""神秘主义者"和"信仰主义者"；并且，有人把他的宗教感情视为异常思维的表达，而另有人却称他为是一个先知对世界的深刻探索。

四分五裂的《思想录》的根本观点是人没有信心，但人自己的天性中始终有种本能在抗拒着这种绝望。我们确信：一切并不是那么糟糕。如果我们接受基督的真理，我们就会得到了一种安慰：我们的受苦受难是有原因的，我们在为人类原始的原罪赎罪，这会让我们宽容自己。所以，我们必须从人开始，证明基督教，进而证明上帝。

然而，《思想录》琐碎庞杂的内容，使得读者无法判断这一论证的具体步骤。读者会发现，让它们保持原样更好，那样的话，他就会满足于想象力丰富的、诗歌式的词句。这样的文字充满了抒情的美感：诗人是一个思想家，他看到了那个浩渺的无底洞（空间的和尘世的），看到无比巨大和无比渺小。在对它们的思考中，他感到了一种恐惧，但同时也感到了一种自信。他认为人虽然是残酷的自然界猎取的动物，是一根无力的小草，受狂风的摧残，但他却感觉到有一种东西让自己无限地提高，因为他意识到，自己是一根有思想的小草。这部作品充满了对神的含糊不清的爱，所以，虽然帕斯卡很有数学头脑，但并没有用几何证明来证实理性的说服力，而是善于抓住感情。帕斯卡也是法国古典主义的直觉主义者，正如他的也是理性主义者竞争对手笛卡尔一般。

帕斯卡对法国思想影响巨大。在他所处的时代，在他的努力下，法国散文及其内容摒弃了某些自觉的拉丁文学者（如盖兹·德·巴尔扎克）的那种做作的修辞。某些文人在他的帮助下得到了一种新的温柔质朴的感情，并且不必以牺牲斯多葛学派的自律为代价。他使得只关注渺小的民族主义情结的作家了解了充斥着这个微小地球的无穷想象。在他的帮助下，那个时代的法国散文变得更清晰明朗，并成了一面灵魂的镜子。这一切，是他用一部著作来达到的，虽然我们只有这部著作零零散散的片段，但也是他毕生努力的结果，他这一生，何其短暂，就其遭受的肉体苦难而言，是悲剧性的，就其精神虐待和智慧活力而言，是与众不同的，这是一个全才的一生，在几个世纪里，这个世界几乎再也没有出现过能与之相比的天才。

政治经济学
plutonomy

政治经济学总论

托马斯·尼克松·卡弗[①]

当经济学这个术语被希腊人最初使用的时候，它的一般意义是家政管理的艺术，或者是管理家政的聪明之法。色诺芬关于这一课题著作的论述，描述的是一种简单的农业家庭管理的收入和支出问题，以及生意和家庭开支问题，然而并没有十分明确地加以区分。在现代社会，特别是在城市生活中，商业或收入来源，非常明确地跟使用这些收入的家庭区分开了，以至于如今这门学科有两个完全不同的分支。其中一个分支，我们现在称之为商业经济学、商业经营或商业管理。而另一个分支现在则被称为家政学、家庭经济学、家政管理、家政科学等。如今这两个分支区分得这样清楚，看上去似乎没有一丝联系，这足以说明我们已经离那种自给自足的农业家庭的简单生活越来越遥远，商业和生活已被我们区分得十分彻底。

---

① 托马斯·尼克松·卡弗（1865—1961 年），经济学家，1902—1925 年在哈佛大学担任政治经济学教授，并于 1916 年当选美国经济学会主席。主要著作有《财富的分配》（*The Distribution of Wealth*，1913）、《政治经济学原理》（*Principles of Political Economy*，1919）和《国民经济原理》（*Principles of National Economy*，1921）。

色诺芬还写过一本探讨雅典收入的著作。虽然这部著作还不能被公认为论述公共财政的论著，但至少说明他对这一领域比较感兴趣，把这一领域命名为公共家政管理也许是有道理的。每一个政府，作为一个具体的法人来考虑，除了它所统治的人民的需求之外，也都各自有它自己的需求。无论它是一个城市、一个国家，还是一个更小的政治单位，它都不得不解决收入和支出的问题，这一点与私人经济别无二致。后来的一些作者把经济学这个术语应用于我们现在命名为公共财政的这一类问题上，而不再是"家庭经济学"这个类别所包含的那些问题。在君主制国家，王室的经济来源，以及供养王室的支出，可能与家庭经济学非常类似，当收入的主要来源是王室土地时便是如此，而当经济的主要来源是税收时，它当与公共经济学类似，国王仅仅被看作是一个公共官员，像其他公共官员一样被税收供养。

公共经济学的早期观念

在中世纪和现代社会早期，对经济学的主要研究从该学科的私人方面转向了公共方面，但还是主要集中在公共财政的收支问题上，或者转向我们现在所说的公共财政。这一方面的主要研究者是财政大臣，他们负责管理为王室筹集收入的组织，以及国王的建设和军事支出规划。但有一点很明显：国王收入的总额受到了人民财富的严格限制。如果需要更多的收入，也就是让人民缴纳更多的赋税，就不得不使他们更富裕。于是，研究者对国家兴旺的问题越来越关注，直到现在，依然受人们关注，公共财政的收入和支出问题一定处于从属地位。换句话说，现代政策不是为了有更多的税收及其他形式的收入而努力使国家富有，而是为了统治者的私利促进普遍福利，只有当为了促进普遍福利而必须为政府增加收入的时候才会这样做，而且也只能做到这样。

重商主义者和重农主义者

即便是研究者只把他们的注意力集中在普遍富裕上，他们也还是要花费了一定的时间才能形成看待这个问题的真正宽广的眼光。一个学派之所以被称作重商主义，是因为他们强调商业的重要性，尤其是对外贸易，以至于似乎把繁荣跟外贸当成是一回事，比如，这一学派的作者经常指出，提供大量廉价劳动力是外贸发展中的一个十分重要的因素；因为，一旦有了廉价劳动力，国家就能够在国际贸易中拥有很强的竞争力，这明显不是要增加那些提供廉价劳动力的劳动者的经济收入。另一个学派，重农主义者，则强调农业的重要性，认为它是一个实际生产剩余价值真正超过了生产成本的产业。

这两个学派都错误地假设公共富裕与个人富裕之间的相似之处。一家私营企业，如果卖出多于买进，或者说赚的钱多于花的钱，便称之为富裕。重商学派假设，同样的道理也适用于整个国家，却忽视了下面这个事实：在一个国家，让一个人从中获得好处的时候或许会让另一个人受到损失，这好比在某些商人那里，他们出口商品之所以能获取暴利，是因为他们支付给劳动者的工资很少。再比如，一家私营企业，如果它的产出大于它的成本，那么就可以说它是富裕的。在农业中，存在地租，严格说来它不是成本，对土地所有者来说是剩余所得。这笔剩余所得是超过生产成本的产品的剩余价值。

由于当时的手工业生产者产生的地租极少，于是重农主义者假设，这些手工业对于整个国家来说并不是什么很赚钱的产业，它的兴旺主要来自于农业，农业积累了主要的剩余，也就是地租。他们像重商主义者一样忽视了下面这个事实：这一剩余可能是（至少部分是）农业劳动者不得不忍受贫困的结果。在效率不变的情况下，他们的劳动越廉价，种植作物的成本就越低，地租就越高。

直到亚当·斯密具有里程碑意义的著作《国富论》（*Wealth of Nations*）问世，研究者们才开始在看待国家福利这一问题上获得了宽广的视野。不同的研究者有不同的专业倾向，但他们普遍认识到，他们的专业意义在于更大的问题上。有时，他们的关注点可能过多地集中在生产和交换上，对分配问题的研究却太少。最近二十五年来，人们在分配问题上所倾注的注意力比其他任何问题都多；但在当代，有一种观念开始出现：受到的关注最少的是消费，但它却是最重要的领域。

财富的意义

既然政治经济学彻底地把注意力集中在国家兴旺的问题上，那么重要的是，研究者在开始研究这门学科的文献之前，应该透彻地理解它的主要方面。其中最重要的方面是财富（*wealth*），但这个术语有两个看似迥然不同、实际却互相关联的意义。首先，它指的是一种幸福的状况，在这个意义上，它与撒克逊人的术语 *weal*（福祉）完全不同，"财富"一词来源于它。在第二个普遍的意义上，它是某类物品的共同名称。物品是满足欲求的载体，但并不是所有物品都是财富。只有那些在极其特殊而实际的意义上，欲求的满足依赖于它的商品时才是财富。人们渴望空气、阳光，以及其他很多并不构成财富的东西。但是，如果他们不只渴望一样东西，而且渴望的数量超过他们现在所拥有的，或者超过马上就会拥有的，那么，这些东西便可以称作财富。他们的满足程度明显地受到这些东西的影响，也就是越多就越满足；反之，它越少就越不满足。虽然离开空气我们就无法生存，但是我们通常不会渴望超过我们所需要的空气。因为有足够的空气满足每一个人，即使略少一点，也不会有人意识到有什么差别。如果在某个特定的时间和地点发生了特殊情况，在这种情况下，没有足够的空气满足每一个人的需求，那么，人们就会渴望超过自己已经拥有的空气，这样一来，空气便成了财富。

在直接而现实的意义上，财富还可以临时定义为福祉或幸福所依赖的那些物品的名字。如果我们的幸福感因为拥有更多的一些物品而增加，因为拥有较少的物品而减少，那么，这些物品就成为财富。它们就成了人类所渴求的目标。因此也成了人类为之拼命的目标。面包越多，幸福越多；面包越少，幸福越少。因此我们说，面包就是财富。广泛地讲，任何东西，如果我们在任何时间和场合都能使用这一准则，那么它在此时此刻就是财富。任何不适用这一准则的东西都不能称作为财富。

这句话需要一个限定条件，那就是，人们可能还不知道他们的福祉取决于什么。他们会视自己认为的福祉所依赖的那种东西为财富。也就是说，如果他们渴望的东西，超过他们现在所拥有的，就说明他们对福祉或满足状态会因为拥有更多这种东西而变得更强烈。他们需求就更多，并千方百计要得到它（或者通过生产，或者通过购买）。这就证明，他们把这种东西当作财富，或者当作获得幸福的手段。所以，有时候会出现这种情况：研究者不得不把某些他们不仅认为毫无价值、甚至有害和不道德的东西归于为财富即满足不良欲望的手段，比如，鸦片、烟草和烈酒。如果一个人很看重这个限定条件，他也许会选择把财富这个词跟幸福分离开来，并把它定义为满足欲望的一种手段。

我们发现，每一个定义都跟另一个曾经非常流行的定义相得益彰，这个定义就是：财富是在交换中有价值或力量的所有物品的共同名称；因为只有那些被渴望并且稀缺的物品才会在交换中有力量。实际上，它们仅仅因为稀缺并且有人渴望得到比现有的更多，才拥有价值，才被买卖。

节约的意义

稀缺是财富概念的特征，这一观念暗示了节约的意义，它是经济学的又一个基本概念。节约则暗示了调整方法以适应目的，也就是克勤克俭，或者说到底，是在一个人的不同欲望当中做出选择，为了更重要的欲望得到满足而舍弃次要的欲望。稀缺的事实使我们不得不做出这样的选择，如果没有稀缺，就不必选择。因为，如果每一样东西都很富足，都能够满足自己所有的欲望，就没必做出任何舍弃。正是那些稀缺物品的使用，才需要节约。这些为最大的满足或幸福而不得不加以克制的稀缺物品，构成了经济物品，财富只不过是它的一个名称罢了。这些就是我们必须加以品评、定价并与另一种物品比较其效果与作用的东西，为的是有限的供应能够分配并尽可能地满足人的欲求，也就是为了它们能够满足更多的、而不是更少的欲求。

稀缺物品的节约，不可能脱离像生产和交换这样一些明显的事实。我们不得不加以节约的物品，会在其他物品都不适用的直接而现实的意义上得到重视和评估。当我们希望得到一样东西，而且希望得到比我们现在拥有的更多时，我们不仅千方百计得到更多（通过购买或生产）；并且我们希望得到更多这种物品的想法越强烈，我们在交换一定数量的这种物品时所甘愿支付的也就越多，我们试图生产更多这种物品的尝试就越艰难。这个评估的过程使得这类物品在交换中拥有优先权，而这一优先权与它的稀缺程度成正比；更恰当地说，与我们希望得到更多同类物品的欲求的强烈程度成正比。无论具体的个人是不是希望得到更多的某种物品，只要社会的某个角落存在这样一种需求，就会使该物品在交换中拥有很高的价值，这一价值将会有效地促使人们去生产它，就好像他们自己非常需要该物品一样。

变动比例法则

从另一方面看，生产过程也需要一种新的节约，因为生产资料在一些条件下同样稀缺，而在另一些条件下却是充足的。说到底，一切工业都是把原材料从一个地方转化到另一个地方。但聪明的人关注的是这个原材料转化过程背后的规划、目标和规则。科学观察者所得出的一个伟大的总结是，所有这些原材料的移动都是为了同一个目标：用合适的比例把物品聚集在一起。当然，所有这一切的背后还另有隐情，但我们看到的实际情况是：每一项工业的目的都是通过用合适的比例聚集原材料来实现的。眼睛所看到的所有这些原材料转化都受到比例规定的控制，生产者的技能，一方面在于了解组合原材料的恰当比例，另一方面在于他把这些原材料聚集在一起的本领。

这个道理适用于任何场合，从化学实验到沙漠灌溉，从艺术家画室里的工作到农民在田间劳动。不同的是，化学家在特定比例规定之下工作，根据这一规定，化学元素在精确的比例下组合，但生产工作绝大多数是在变动比例规则之下进行的。比如，在一块田地的灌溉中，用水量是根据作物的生长情况不断变化的。绝不能说，必须使用固定数量的水，那样就会影响作物生长，或者说一点点变动就会把作物彻底毁掉。在相当大的湿度范围内，作物都可以生长，虽然在这些范围内，收获会根据所灌溉的水量而不同。

只要是适用变动比例规则的地方，或者说只要是不适用固定比例规则的地方，当生产所需要的任何一个因素发生变化时，产量也许就会不同。在土壤中增加十分之一的湿度，极少能使收成也精确地增长十分之一。关于肥料，也可以说关于任何单一的增产因素，关于耕作的劳动，或者说关于决定收成多少的任何单一的因素，都是这样的。而且，这些都适用于任何生产部门，比如说工厂，适用于必须跟它紧密结合的生产要素。

在任何生产部门，不论是车间、农场、工厂，还是运输系统，组织生产要素的工作都需要一定的知识和耐心，就像组织化学元素的化学家，尽管正如前面叙述的那样，因为固定比例规则，化学家必须以严格的精准度遵守明确的规则。

这一变动比例法则很难言简意赅地陈述，但下面的规则也许有助于我们对它的意义和重要性产生一个相对准确的概念。我们暂且假设，为了得到某种被需要的产品（我们称之为 p），需要三个要素 x、y 和 z。

如果 10 个 x 加 20 个 y 加 30 个 z 可以生产 100 个 p，那么，11 个 x 加 20 个 y 加 30 个 z 有可能生产出：（1）多于 110 个 p，（2）110 个 p，（3）少于 110 个但多于 100 个 p，（4）100 个 p，（5）少于

100 个 p。

实验表明，增加 1 个单位的 x 导致生产出（1）多于 110 个 p，或（2）110 个 p，那就说明，x 与另外两个因素 y 和 z 的比例过低。由于增加一个单位的 x 使得产量大幅度增长，那么由此可见，与更多的 y 和 z 比起来，对更多 x 的需求就会加大。因为，如果这个组合中的 x 太少，那么 y 和 z 就一定太多。可是，如果我们发现，增加 1 个单位的 x 导致（4）100 个 p——即完全没有增长，或（5）少于 100 个 p——即比之前得到的更少，那么可见，x 与另外两个因素的比例太高了。所以，与 y 和 z 比起来，对更多 x 的需求就会很小，因为，如果这个组合中 x 太多的话，y 和 z 就一定太少了。但是，如果 x 的增加导致五个单位产品的相应增长，那么，这些要素就接近于合适的比例了。增加一个单位的 x 是否更有利，就取决于 x 的成本和所增加产品的价值了。我们可以假设，x 的增加使得产品增长 5 个单位（105p）。如果 1 个 x 的成本小于 5 个 p 的价值，那么，把要素 x 从 10 个增加到 11 个就是可以产生利益的，否则就毫无利益可言。

诚然，这个规则，以及与之相关的一切，都可以用在 y 和 z 身上，就像对 x 一样，只要它们都被看作是可以变化的因素。x、y 和 z 可以代表普遍工业中的劳动力、土地和资本；它们也可以代表任何工业生产中的劳动力的不同等级；它们还可以代表在任何领域为得到任何产品而聚集在一起的任何一组因素。要明白事情的本质是，在哪一种组合中，最稀有的因素都是限制性的因素，产量的变化跟这种因素的关系非常紧密。与组合中的其他更丰富的因素相比，产量的变化更明显地依赖于这种稀有因素的变化，所以，人们通常把稀缺因素看成是生产力最重要的因素。不管这种说法是否正确，有一点毋庸置疑：它非常受重视，也会因此被赋予最高的价格，而且一定小心地加以节约。这一规则，以及由此得到的结论，对提示作为生产力基础的物理事实是有帮助的，供需规律就是建立在这一事实的基础之上的。

人与人之间的利益冲突

作用与稀缺是决定一样物品价值的两个最主要因素，它的作用在于它直接或间接满足需求的能力。换句话说，就是不管它是消费品还是生产要素，这一点现在应该已经足够明确了。稀缺要素导致节约变得必要，这一点也十分鲜明。它也是人的利益冲突的根源。大多数的道德和社会问题都因此而产生，但这一点就不那么显而易见了，接下来的思考将表明这是真的。稀缺的事实说明，人们都渴望得到大自然没有主动给予的东西。从另一个角度看，这表明人与自然之间缺乏自然的和谐，而恢复这一和谐是生产型行业的目的。

人与自然之间表现为稀缺形式的不和谐，才使得人与人之间不和谐。哪里存在稀缺的场合，哪里就会有至少两个人想要得到同一样东西；而在两个人都想要得到同一样东西的地方，就会有利益的纷争。只要在人与人利益纷争的地方，就有需要解决的问题；对错与否，公平与否的问题；这些在其他条件下几乎都不可能发生。也就是说，利益纷争就是引发道德问题产生的最重要的因素，因此，它牵扯到社会学和道德哲学的最基本的问题。

但这并没有忽略以下事实：人与人之间同样也有和谐，正如人与自然一样。也许存在很多没有导致问题产生这样的情形：因此所有人的利益都是和谐的，我们没必要为之担忧。正如我们前面提出的那样，有很多这样的情形：人与自然是和谐的。例如，有些东西大自然已经为我们提供了，能够使我们所有人满足，所以就不会导致问题发生。对于这些非经济物品，我们通常的态度是淡然置之，或者没有兴趣。在人与自然之间的关系和谐的地方，我们就没有必要担忧。但如今工业世界趋势是对那些人与自然之间的关系并不和谐的地方进行改进，人与人之间的关系也是如此，在这种关系和谐的地方，也就是在所有利益都和谐的地方，我们不必担忧。然而，在关系并不和谐的地方，在利益纷争、不断的地方，我们就要想办法了。事实上，我们一直在想方设法；在经过无数争论之后，创造出了道德哲学体系和正义理论；我们在无数次的争吵中建立了仲裁法庭，把其中某些理论应用于实际冲突的解决中；我们无休止地讨论如何恰当地调整各种不同对立的利益。一定要清楚：它们全都源于稀缺这一事实——人们想要得到的永远比现有的要多。

在所有这些不和谐的外表之下，都隐含着一种深层次的人类利益的根本和谐，这是某些人的坚定信念。但这一信念犹如相信人与自然之间的和谐一样，想要得到确切的证明很难，它寄托在哲学猜想，以及信仰之上。当然，有一点无疑是真的：大多数人，包括最强势的人物，从长远来看，在一个公正政府的管理下，一定好于无政府状态，在无政府状态下，每个人都可以随心所欲。在这种情况下，所有人，都会试图努力去共同维护一个公正的政府。但论据却模棱两可，因为仅从文字而言，其意是，不同利益之间的纷争是这样猛烈，如果没有一个政府来制约，势必发生不断的冲突，浪费社会的资源，到头来每个人都会吃亏，甚至是受到极其严重的损害。这是一个支持政府必要性的强有力的论据，但对于支持人类利益的普遍和谐来说，这个论据是最糟糕的。

所以，从根本上讲，我们必须考虑两个实际问题：一个是工业的；另一个是道德的。前者关系到如何调整人与自然之间的关系，后者关系到如何调整人与人之间的关系。这两个最重要的问题又密切地纠缠在一起，它们要处理的因素又是多样化的，致使排在第二和第三位的问题让人数都数不清。

人与自然之间的冲突

人与自然之间的冲突究其根源到底是什么？人是否对其在某些方面负有责任？或者说，这完全归罪于大自然的无情或小气？当然，大自然的富饶在不同的环境里各不相同，但在所有环境中都有两个条件，而人在一定程度上要对这两个条件都负有责任，其中任何一个条件都会使得经济贫乏。一个是人的欲望的无止境，另一个是人口的不断增多。

我们都知道，人类欲求的不断增加从古至今一直是世界各地的道德家们注意的重点。"货物增加，吃的人也增加。物主怎么办，只能眼看而已。"这是《传道书》作者的观点。正是生活的欲求，使人摆脱了与自然的和谐，加强了斯多葛学派的原则："遵循自然而生活。"它就是意味着把欲求限制在大自然能够提供的力所能及的范围之内。认识到生活中最好的东西不费吹灰之力，而最短暂的快乐却最难得，由此可见，斯多葛学派的哲学中蕴含的经济智慧。然而，虔诚的佛教徒为了寻求涅槃，忽略了真正的要点——膨胀的欲望超过了大自然满足欲望的能力，而正是这种膨胀，无可避免地使人脱离了与自然的和谐，引发了毁灭灵魂的冲突——从欲望本身看到了邪恶的根源，在根除所有欲望中求得解脱。

人与自然的冲突是邪恶之源，这一观点引发了两个差别很大的关于社会管理的实际结论。如果我们认为，自然是仁爱且慈善的，人总是贪婪的，那么就会自然而然地得出这样的结论：人必须克制欲望，与自然构成和谐，这与斯多葛派哲学非常相似，虽然本质上并不一样。反之，如果我们认为，人性是完美的，那么，唯一的实际结论是：必须改变自然，与人的欲望达成和谐，为满足人的欲望而提供更多的东西。与这一理论疯狂追逐物质与奢华的现代工业精神相符合。

即使个体的欲望没有增长，但有一点很明确：不论在哪里，人口数量的不断增长早晚都会导致自然物质的减少，从而把人类卷进与自然或与他人的冲突中。从人类学上讲，人口不可能无限增长，就人这种经济动物而言，限制其数量的也不是因为生殖能力的关系。在人这里，它是一个生活资源的问题，但这种生活资源是有一定条件要求的。如果拥有预见经济的眼光，他的繁衍就不能超过他能够维持自己相应的生活水平的范围。但是他的生殖和壮大家庭的本能十分强烈，以至于他倾向于更多地繁衍，直到很难维持现有生活水平。无论他最初的生活水平如何，人数的增加都会将他置于低标准的尴尬之中。也就是说，我们通常很难过上我们认为应该有的那种美好生活，因此，没有得到满足的欲望，经济匮乏便不可避免。这是一种无法避免的矛盾：它来源于人与自然的关系。

内在的利益冲突

这些考量突显出了第三种形式的冲突——个人自己内部的利益冲突。如果无限制地满足生殖和传宗接代的本能，就不可避免地因为人数的增加，而导致满足欲求的条件出现匮乏，即使这些欲求非常适度。即使这些物品能够确保充足，也不能完全满足上述本能。

这样的困境留给我们的通常是各种各样的欲求无法满足。因此我们被引向了两个方向，这也是一种无法摆脱的困境。不过，这只是那种摧毁个体的内在冲突的一个有力证据。匮乏这个事实一定寓意着：如果想要满足一种欲望，就必须牺牲其他的欲望。我的钱购买了奢侈品，就不可能再买其他物品了；我花钱买了衣服，就不可能再买食物了。这就需要节约，因为节约只不过是选择哪些欲望应该得到满足，并且要清楚，由于这个原因，另外一些欲望就一定是相应地得不到满足。无论如何，节约总代表着三种冲突：人与自然之间的冲突，人与人之间的冲突，以及同一个人身上不同利益之间的冲突。

恶的问题

恶的问题是具有双重性的。在最广泛的意义上，恶只是不和谐，因为任何一种不和谐都是个人痛苦的来源。但是，人与自然之间产生的不和谐，是没有道德意义的。一棵倒下的树被野兽践踏，或者被细菌消耗，这些都是恶。但是，这种恶，如果不是别人的错误导致的，就不可能给予它任何道德上的意义。一个人抢劫别人，欺骗别人，或者有意无意伤害别人，都是恶；我们把道德意义给予这种恶——就等于赋予任何源于人与人关系之间的恶。但是，我们知道后一种形式的恶（道德上的恶），是从前一种恶（我们称之为非道德的恶）当中产生的。因此，有关道德恶的起源问题，一切真正的解释都一定是始于人与自然之间的不和谐。

我们可以想象，有限的个体生活在一个舒适的环境中，他们的所有需求都能充分地得到满足，并没有任何节约的必要。在这种几乎完美的与自然和谐相处的状态下，不可能产生个体内部的冲突，因为一种欲望的满足不会牺牲另一种欲望；也不可能产生个体之间的利益冲突，因为一个人欲望的满足不会妨碍他人的欲望得到满足。既没有个体内部的冲突，也没有不同个体之间的冲突，因此也就不可能产生道德问题，就如天堂一般。但是，假设欲望在不断膨胀，或衍生出新的欲望；或者假设满足人的本能冲动，人数增长到超出自然供给的能力，天堂必然消失。不但劳动和苦役不可避免，而且利益纷争和道德问题也会接踵而至。人的智慧必须对其进行引导，不仅要引向提高土地生产力的问题，而且要引向调整利益冲突的问题。正义和公平的问题开始让人精疲力竭。

在这个实例中想要找到原罪或任何遗传污点的线索是很困难的。那种使人数得以增长的行为，在道德上是无罪的。但它产生的后果却是对已有和谐的破坏，反过来又引发人类利益的冲突。这并不是说人性的"堕落"或改变，倒是预示了条件的改变，在这样的条件下，同样的人的素质会导致完全不同的社会后果。这个例证的可靠性并不取决于它的历史品格。

这个关于恶的起源，已经被具体化为一个家喻户晓的故事，用不着为了让它有一个深刻的意义，而把它解释为拥有一个历史根基。很久以前有一座花园，一个男人和一个女人在里面生活，他们的一切生存需求都由大地的野生果实来满足。他们不用为生存而拼搏，也没有利益的冲突，对他们而言那就是天堂。但某种欲望的满足导致人数的增长，人数的增长导致了物质匮乏，于是天堂最终消失了。从此以后，人就要靠自己的劳动来养活自己。为生存而进行的奋斗开始了。为了夺取满足自己需求的方法，只能与自然为敌或与竞争对手展开激烈的搏斗，每一种形式的贪婪和欲望都是为了生存。当他早上醒来，看到这些争斗，这时，他明辨了善恶、利弊，他成了一个"经济人"，一个通过调整方式以满足欲望的人，一个在快乐与痛苦之间进行选择的人。简单地说，工业文明和社会演化有气无力地开始了。人类屈从于一张强有力的大网，从此以后便再也没有从这张网中挣脱出来。人类就在一股来势迅猛的潮水中随波逐流——无人知道自己将去向何方。

制度的起源

在由稀缺所导致的利益冲突中，财产、家庭和国家的制度便来源于此。因为，当所有人能足够丰富地拥有所需要的东西时，不会渴望拥有对它的财产权。可是，当没有充足的东西可供分配时，部分地供应就变成了对某个人的特殊待遇，如果社会本身没有确定某些物质应该属于谁，就会出现对需求的争夺现象。当然，所有权并非财产。但是，当社会承认一个人对一件东西的所有权，并承诺对他的该项权利进行保护时，那就是财产。凡是将社会组织起来，承认这些权利，并为它们提供某种保护措施的地方，就形成了一个国家；凡是有一个小的群体，他们的血缘和亲属关系可以胜过任何自然竞争，并形成利益统一体，这就是家庭。这个群体内部的经济利益统一体，可以把它与周围的其余部分区分开来，或者与其他类似的群体分开，但是，在这些群体之间，自然的利益竞争依旧在继续。且不说妻子和孩子本身就被视为财产的那种野蛮民族，即便是在更高级的社会里，人们也是渴求保护那些依靠自然感情的纽带、通过财产利益的共有而跟自己紧密联系在一起的人，而正是这样的本能需求，为家庭产生的法律定义奠定了基础。

经济学的基本地位

与财产权密切相关的还有另外一组权利，例如，契约权、转让权、赠予权，以及律师们为之忙碌的许多其他权利。在整个法学、伦理学、政治学或所有关于这个问题的社会科学中，想要找出什么问题不是源于经济匮乏这一最原始的事实，以及紧跟其后的人与人之间的利益冲突的确很难。这表明了一切社会科学的内在统一性，它明确了统一的原则是一项经济原则。即便是所谓的群居本能，也极有可能是生存斗争的结果，反过来，生存斗争又是匮乏的结果——集体行动的优势在这一本能的发展中起到了选择性的作用。但与其他诸多问题一样，这个问题超出了已有知识的范畴。但还没有使经济学成为"主科学"，其他社会科学都处于附属地位；但是，如果真的存在"主科学"，经济学则最有资格得到社会科学中的这一称号。经济问题是最根本性问题，是其他一切社会和道德问题的起源。

经济竞争

如果社会不对人与人之间的这种对抗加以控制，那么在本质上就跟野兽之间的生存斗争没有区别。但任何一个人类社会都会以不同方式对这种对抗进行控制。事实上，组织化社会存在的一个作用，就是要控制生存冲突，并把它引向生产方向。自私的个人并不在意"生产"，他关注的是"获得"。但如果最容易的获取方法是生产，那么他就会生产。如果有更容易的捷径，他就会选择捷径。法律和政府的目的就是要运用其他方法进行的获取的成本提高并处于危险境地，相反，最简单和安全的办法则是生产，或者是任意而自愿地交换产品，这两种方法实际都离不开生产。只要国家在这方面上取得了成功，并使所有个人都通过生产的手段来获取，那么，就证明了它的存在是合理的。

当生存之争被引向生产方向时；当人们都发现，只有通过生产或者拿等价物品跟其他生产者交换，才能得到所需要的东西时，残酷的生存竞争就转化为经济竞争。完全的经济竞争，是在一系列制度下进行的，所有人都发现，通过某种生产性或服务性的努力所得到的是最有价值的，正如亚当·斯密所说："在规范促进个人利益的同时也促进了公共利益。"

当个人对社会其余部分的价值是他的生产减去成本的剩余价值时，那么他在产业中的地位就依赖于他的积累，我们就能知道把获取与生产等同起来有多重要。这一点可以通过下面的法则来表述：

个人的价值＝他的产出－他的消耗

他的竞争力＝他的获得－他的消耗

当他的获得＝他的生产时，他的价值＝他的竞争力

国家的作用就是要使获得＝生产

文艺复兴时期的政府理论

奥利弗·斯普拉格①

在有关政治和社会问题的著作当中，对思想的发展和关于社会问题的政策决定发挥过深刻而持久影响的作品不多。亚里士多德的《政治学》和亚当·斯密的《国富论》堪称典范。更多政治学著作在它们被创作的那个时代有着非凡的影响力，但现在除了历史意义之外再无其他。

另外，还有路德的《告德国贵族》和《关于基督教自由》，以及卢梭的《社会契约论》也是其中的名作。但是，马基雅维利的《君主论》和莫尔的《乌托邦》则不能简单地归为上述两类中。它们并非人类知识赖以取得丰硕成果和伟大进步的起点，在任何时期和任何国家制定立法或政策时，它们都不是最重要的因素。虽然与路德

① 奥利弗·斯普拉格（1873—1953年），著名经济学家，生于马萨诸塞州，曾获哈佛大学多个学位（1894，文学学士；1895，文学硕士；1897，哲学博士），1913—1931年担任哈佛大学银行与金融学教授。主要作品有《国家银行体系下的危机史》（*History of Crises Under the National Banking System*，1910）、《贷款与投资》（*Loans and Investments*，1916）和《银行业的理论与历史》（*The Theory and History of Banking*，1917）。

的作品相比，它们对形成当代舆论的直接影响不大，但它们完全有资格代表那个时代的思想，因此具有非凡的历史意义。此外，尽管马基雅维利和莫尔的结论在实践中从未被检验，但他们在各自的著作中表明了两种截然不同的观点，却在作家们论述政治和社会问题的方法和结论中频繁提及。

《君主论》和《乌托邦》都成于 16 世纪 20 年代，而那时，那些文艺复兴时期的各种不同的影响，正波及到教育、艺术、道德等领域，实际上已经显现在人类活动的每一个领域。人类精神在几乎每一个方向上都挣脱了中世纪的传统枷锁，政治和社会秩序更倾向于哲学理论和研究，也在摆脱古代观念的束缚，并不在意最后可能得出什么开拓性的结论。在这一时期的政治学作家当中，马基雅维利和莫尔的作品明显地受到文艺复兴精神的影响。马基雅维利力图使政府机构的政策能经受住实践的检验。莫尔更是轻视政治安排和社会安排能够接受实践的理想检验。两个人都以为，社会秩序中没有任何事情是绝对完美的，即便现在是完美的，不可能永远完美。制度和习俗的好坏应该根据结果来确定，如果有更好的规划，那么现状可以改变。这是现代的观点，也是文艺复兴时期的观点。现代史就始于文艺复兴时期。

方法的对比

在当今时代，以严谨科学的飞速发展为标志，事实检验看上去也许是研究政治和社会问题的一种可行而有前景的方法。《乌托邦》中所主张的理想检验，让我们的语言中有了一个新的形容词"乌托邦"的，意思是"不切实际的""空想的"，甚至有点是"幻想的"

意味。马基雅维利也发明了一个形容词"马基雅维利式的",其含义更尖刻。如果让事实检验转变成真正的检验,所有重要事实都需要检验,而理想本身就是社会发展和运行中十分重要的事实。马基雅维利的方法一般而言是科学的,但他对人性的低估使得他的很多分析本质上缺少准确和科学性。

马基雅维利的局限性

在我们认为有重要意义的事实的范围里,马基雅维利的分析也完全算不得全面。在他发表著作时,是在一百多年之前,意大利当时分裂为好多个政治实体,其中大部分都处在政治动荡中,跟现在的很多中美洲国家差不多。马基雅维利在他的分析中恰当地使用了比较的方式,但由于他所关注的主要是在当时如何取得和维护个人统治的方法,所以,他的结论没有普遍有效性,它们对当时正处在发展过程中的幅员广阔的中央集权政府并不适用。那里的统治者们已经掌控了权力。而有一点特别明显:在解决现代政府的问题上,他的分析几乎没有实用价值。马基雅维利的观点,颇似互相竞争的老板之间低层次的权力斗争。而《君主论》更是缺少医治民主政府这种病症的良药。

在国际政治领域,马基雅维利的分析明显在一定程度上与他自己那个时代及之后的现实相符。在各国家的相互来往中,道德的约束力量薄弱。一个重要的问题是:马基雅维利的忠实拥护者最多的是那些关心对外事务的政治家。

在设置许多限定条件之后,我们仍然要承认,在《君主论》中,马基雅维利向着政治问题的切实方法的发展方向前进了一大步。但是，在他自己的那个时代，以及接下来的二百多年里，并没有得到研究政府问题的学者们的大规模响应。君权神授和自然权利的理论，而不是政府治理问题，却吸引了很多政治学者的注意力。在 19 世纪，更有效的方法在这一领域被运用，如同在其他的知识领域一样。

作为一种政治批评形式的理想王国

不仅柏拉图的《理想国》，莫尔的《乌托邦》是把一个理想中社会的设计作为分析社会和政治现状的最好案例。在中世纪，整个欧洲的理想和现实达到了统一，不能给这样的作品带来任何启示。新大陆的开辟证明了欧洲世界理想的社会的存在。欧洲世界的结论性的设想失去意义并被削减，起码那些有反省与思考精神的人应该这样认为。"乌托邦"无论安放在新世界哪个地方，莫尔都要对他那个时代的读者大肆地宣扬他的想象效果。从开头的幻想场景到结尾都备受关注。成功地给读者展现了他的模式：证明他的社会改良的想法是切实可行的。

后来一些乌托邦作者都急切地想拼凑起来一个理想社会，这样一个社会，必定要被经济学、社会学和政治学专家们所批评。无疑，社会绝不会突然变成精心策划的研究者所想象出来的那种样子。必须明确，在将来，社会发展变化是不可能预料的。像《乌托邦》这样的著作，可以削弱对现有社会秩序彻底满意的感觉，这种感觉，对人类社会的改进毫无用处。

实际效力绝不会与作者所构想的那个理想社会成正比。理想社会只不过是揭露和批评现有事物的方式。也就是说，它是作为文学著作、而不是作为科学论述来衡量这些理想共和国的。拥有文学品质使得它们很少产生实际效果。莫尔的《乌托邦》便是如此。

《乌托邦》与现代条件

　　了解了莫尔所处时代的社会状况和政治的另一层次，将会发现这本书的重要性和可读性。但是，时代的更替、社会的变革都是循序渐进的，而人性的改变也是缓慢的，对读者来说其中很多内容是具有暗示性的，包括那些只了解现实的读者。在通常情况下，我们身处的这个社会，不可能是莫尔时代的所构想的那样，甚至有些相去甚远。特别是在我们这个社会，跟农业活动比起来，制造业和商业的活动更重要。所有人都认识到，已经发生的变化使我们的生活比过去更好，尽管它们跟"乌托邦"的理想各行其道。《乌托邦》中的政府显然是贵族式的。对一个现代理想主义者而言，不管从形式上，还是从实际上，民主社会在一切能够想象到的社会中无疑是最优越的。奴隶制，虽然是经过改进的那种奴隶制，是乌托邦政体的根基。我们能找到的最佳的例证，也许莫过于一个人在摆脱自己所处环境的影响上所经历的重重困难，即使他有异常人道的精神和丰富的想象力，或许可以奢侈地向往：遥远的未来，社会的变化可能实现比现在能够想象到更好的状况。

亚当·斯密与《国富论》

查尔斯·杰西·布洛克[①]

从 1752 年至 1764 年，《国富论》的作者一直占据着格拉斯哥大学道德哲学的讲台，他的作品是他大学课堂讲义的集结。沿袭从希腊哲学那里传录下来的一种传统，斯密把道德哲学的范畴设想得与人类行为的整个范围一样宽广。斯密说："一个人，不仅应该作为一个个体来思考，而且应作为一个家庭、一个国家和人类大社会的一员来思考，他的幸福和完美到底在哪里，这正是古代道德哲学一直尝试进行研究的问题。"斯密自己的讲课严格按照这一计划进行。

---

① 查尔斯·杰西·布洛克（1869—1941 年），著名经济学家，1902—1935 年在哈佛大学经济系任教。主要著作有《经济学研究引论》（*Introduction to the Study of Economics*，1897）、《美国货币史论集》（*Essays on the Monetary History of the United States*，1900）、《经济学原理》（*The Elements of Economics*，1905）和《经济学论文集》（*Economic Essays*，1936）等。

斯密哲学的基础理论

应该说，在斯密那里，很多传统的课题得到了全新的理解和发展。1759 年，斯密出版了伦理学专著《道德情操论》，由此他成为一个享有国际声誉的哲学家。他在这部作品中说："道德判断从根本上讲是一种对人类行为的动机和结果的公正的同情表达。"从同情的角度出发，斯密总结出了正义感，它是"社会结构的主要支柱"。这本书贯穿着 18 世纪最普遍的仁慈的自然秩序理论。该理论认为，造物主把宇宙安排得井井有条，使之能够最大限度地满足人类的幸福。由此看，哲学的问题，就是要发现那些为上帝造物的幸福而产生的自然规律。在这些规律当中，最主要的是：每件事情安排得如此有条不紊，以至于人们在正义所限定的范围内追求他们自己的幸福时，通常也会对社会的普遍幸福有所助益。在这个自然和谐学理论的基础之上，斯密创立了他的天赋自由理论，按照这一理论，所有人"只要不违背正义的法律"，就有以自己的手段追求自己的幸福的天赋自由。

斯密还准备撰写一部论述法学和政府的著作，可惜未曾出版，在他的授课中，这两个主题紧随伦理学。他的《国富论》（出版于 1776 年）论述了在他的讲课中紧随政府治理这一课题之后的政治经济学。

斯密的财富与政治经济学观念

《国富论》结合了对原理的把握和对经济生活的深刻认识，而这些都与作者的阅读和个人观察是分不开的。斯密的总结大都有经济生活现实的基础，通过这种方式，他给这部作品营造了一种其他经济学著作中所没有的现实意境。他并未轻率地定义，而是迅速深入到了对国家富裕的原因的探讨中，不过，在"导言"的最后一句话中，他写道："真正的财富是社会的土地和每年劳动的产出。"他把一个社会的年收入看作是切实的财富；而在他之前的大部分经济学家，都把财富假设成一个社会所拥有的耐用品的累积。而且，斯密在还没有为政治经济学定义的情况下开始创作这部著作，而最符合这样一种定义的词语，可以在第四卷的第一句找到："政治经济学，作为政治家或立法者的科学的一个分支，提出了两个现实目标：第一，为人民提供足够的收入或生活资料，更确切地说，使他们能够在这样的收入或生活资料上实现自给自足；第二，为政府或国家提供足够的收入以便用于公共事业。这一行为的目的是使人民和君主都富裕地生活。"

生产和分配

有的批评者认为《国富论》的论述不够系统化，但这样的论述实际上非常符合斯密的目的。第一卷探讨生产财富，然后是在劳动者、企业家和土地所有者之间分配财富的情况。它为这个学说打下了基础：现代社会工业生产力的提高要归功于劳动分工。对这个问题的讨论堪称是一篇经济学的典范之作，读者应该不难发现，斯密在这里找到了他最重要的学说的一个实例：经济状况的改善是由自私自利，而非政府的行为导致的。劳动分工以交换为前提条件。因此，斯密接下来顺理成章地考虑货币和价格。他对价格的研究，引发了对价格的各个构成要素的研究——工资、利润和地租。紧接着斯密充分考虑了财富分配的问题。他的价值理论被以后的作者所继承并发展为生产成本理论的经典；而从另外一个层面来看，它同时又成了马克思和社会主义者劳动者的理论。他的薪资理论，又被后来的学者，发展为英国古典学派的薪资基金理论。他的利润理论为他的继承者提供了不少素材，特别是关于不同的资本用途中利润的差别问题上。而他的地租理论，或者说他的三种不同的理论，则要在李嘉图的改造下纳入到我们已有的经济学原理中来。

资本的性质和作用

《国富论》的第二卷是研究"股本"的性质和作用的内容，它是一种使劳动者开始工作、使产业开始运转的动力。斯密认为，资本来源于储蓄，它的用途是保持生产性劳动，它或者是固定的，或者是流通的。

我们应该意识到，非生产性的劳动是非常有用的，值得注意的是它不生产耐消耗产品。节约或储备使生产性劳动资本的加大，而消费则会耗费雇佣生产性劳动的资金。

个人的节俭，原本是渴求生活得更好，它是导致资本增长和国家富裕产生的原因。而政府所能提供的事情，仅仅是保护个人，并允许他随心所欲地运用任何方式来获得最大利益。最后，斯密研究了资本与就业。农业生产性劳动多于制造业，但二者又都远远超过运输业和贸易。国内贸易提供的就业多于外贸，而外贸则多于运输业。

所有这些就业都有它的好处。但是，一个资本匮乏、无法吸收所有劳动力的国家，要想迅速提高它的富裕程度，就必须优先把它的资本应用在农业上，然后再用于制造业和国内贸易，并遏制它们进入外贸和运输业，一直到资本的自然增长使这样的做法变得有优势。政府只要尽量不干预，这就是工业发展在个人利己的自由作用下实际上形成的过程。斯密的这一部分论证非常重要，因为它为贸易自由学说奠定了坚实的基础。

斯密的贸易理论

斯密在第三卷中充分研究了欧洲各国所运用的各种政策之后，在第四卷中针对政治经济学中的重商主义发起了那场有名的挑战，斯密提出：重商主义者的限制规定阻止了人们的互相服务，而不是增加公共财富。他像大卫·休谟那样猛烈抨击贸易平衡理论。他论证了天赋自由的理论在任何地方都是合情合理的，并坚称繁荣不是政府带来的，而是来自于"每个想让自己的生活变得更好的个体的自然努力"。在排除重商主义者之后，斯密开始着手驳斥政治经济学中的"重农主义"。重农者认为，土地的净收益是国家财富的唯一来源。这一学派的经济学家始终认为，彻底的自由是把年产出提到最大值的唯一规则，于是斯密认为，他们的学说是"到目前为止关于政治经济学领域最接近于真理的学说"。

公共财政

在第五卷里，斯密论述了公共财政。论述君主开支的那一章是对这个问题最早的哲学研究。第二章有一篇引人注目的对税收问题的论述，其中那段著名的格言，被经济学文献多次引用。斯密相当成功地把他的税收理论与他的财富生产和分配理论联系了起来，并在实践方面提出了一系列改革方法，其中有很多建议被采用。论述公债一章，虽然有些悲观，却强烈地抨击了英国及其他国家在18世纪所实行的愚钝的财政政策。由此可见他关于公债性质的理论无疑是正确的。

《国富论》获得了很大成功，在作者生前就有五个版本，并在短时间内被翻译成法语、德语、意大利语、西班牙语和丹麦语。在美国独立战争结束之前，许多政治家们就开始引用它，于1798年在费城出版了美国版。亚历山大·汉密尔顿撰写的政府文件，就是最有力的证据，表明他从斯密这部杰作中受益颇多。之后，这本书开始对立法产生影响，也对废除针对工业和商业的那些不合时宜的限制政策做出了卓越的贡献。它作为经济学经典著作的地位是不可动摇的。

美国宪法的发展

威廉·贝内特·芒罗[①]

  如果历史能很好地履行作为一种记录手段的职能，就要公平而准确仔细、客观地记录人类事件。不然，子孙后代所吸取的历史教训就必然会让人进入误区。现在，要想了解过去几代人的社会中所发生过的一切，最可信的信息当属历史记录与事件亲历者的回忆，以及那些确定新的历史标志性的政府公文。历史的创造者是最有资格撰写历史的人，他们是最有资格对自己的经历进行著述的人。

  这些著述就像历史桥梁的根基，任由历史学家在上面筑造自己宏伟的叙述之桥，况且，历史基础它的建筑更牢固。美国的历史资料丰富，它经历了三个世纪，人们在这个时期记述了许多他们在那个时代有代表性事件。当然，即便是最有智慧、最开明的作者留给

---

  ① 威廉·贝内特·芒罗（1875—1957 年），著名政治经济学家，1912—1945 年在哈佛任教。他的主要著作包括《欧洲城市政府》（*The Government of European Cities*，1909）、《美国城市政府》（*The Government of American Cities*，1912）、《美国的政府》（*The Government of the United States*，1919）和《欧洲的政府》（*The Governments of Europe*，1931）等。

我们的记录，也会因为人性的弱点而打些折扣。但同时代的材料仍然是唯一可信赖的，我们对历史的认识就建立在这样的基础之上。因此，在早期探险家们的编年记事中，在那些率先来到大西洋彼岸落脚的殖民者的叙述中，在殖民地特许状和各州的法律中，在总统们的公文和政令、外交条约、法院判决、官员们的公共通信中，或者更广泛地说，在大量官方和非官方文献记载中，美国的历史最值得研究。

美国政府的开端

美洲的英国殖民地在一个半世纪里，遭遇了诸多难题。在英国殖民者前期，与印第安人之间的冲突与争端，之后，又是接连不断的跟北方的法国人的斗争。最后，印第安人最终屈服了，法国人也被赶出了他们在美洲的领土。而接下来又是宗教麻烦，这些麻烦有时候使殖民地支离破碎。其中有些殖民地是为了反对国内的狭隘宗教而建立起来的，但他们并没包容自己领土之内的异类。那些没有服从宗教惯例的人，被驱逐出了这片土地，这一规定在马萨诸塞州的严格执行，使罗德岛和康涅狄格州成为单独的殖民地。

另一个难题是，如何才能建设一个相对完善的公民政府的问题。每个殖民地都有一系列的试验，具体化在各自的特许状、基本法和自由典则中。因着久远的历史感，让人读起文献来觉得非常受用，它们真实地反映了美国人民早期的政治理想。即使这些法典试图控制公民日常行为，但还是可以从字里行间捕捉到忠于下面这个原则的影子：政府应该基于法治，而非人治。对宪法保证公民自由的信任，可以追溯到美国政府困难重重的早期。

与英国决裂

然而，在关于殖民地的所有问题中，最难的莫过于确定与母国之间合适的政治关系问题。在各殖民地还都很弱小而又容易遭受外来侵扰的时候，这些关系并没有引起人们的关注。但 1760 年之后，美洲的经济利益在很大程度上得到提高，而北方边境那支虎视眈眈的法国军队也撤退了。在早期一些问题也许会很容易调整，可现在变得矛盾重重，裂痕加深，对母国政府权威的抗拒与排斥随之而来。

然而，请记住，美国独立战争的根本原因不是表面上的，它的原因是多重的。《独立宣言》列举了殖民地的委屈，就像殖民者们所看到的那样，名目数量巨大。

如果没有某种形式的中央政府，十三块殖民地不可能顺利地进行它们的独立斗争，于是他们成立了一个代表大会（定址费城）来满足这一需求。这个机构存在的早期一直没有法律依据，最终制订并采用了《邦联条例》。在之后的十年里，它其实是各州实体的一部切实可行的宪法。然而这些条例给予中央政府的权力很小，它们在那个时代为了一个目的而服务，使战争结束时很多问题顺利解决，但是，它们无法提供一个永远令人满意的联合基础。

联邦宪法

《邦联条例》的缺点是明显的：没有给中央政府提供有保障的收入，缺乏保证商业管制的统一性的制度。为加强邦联条例这方面的紧急需要，于 1787 年春天在费城召开了制宪会议。提意见的相当一部分领袖人物都是制宪会议的成员，如华盛顿、麦迪逊、汉密尔顿和本杰明·富兰克林等。人们意识到，仅仅通过修订《邦联条例》来实现这一目的不切实际，因此必须制定一部全新的宪法。这项任务持续了 1787 年的整个夏天，文件最终完成后，它被呈送给十三个州希望得到通过。但是有些地方，新宪法中许多规定遭到了强烈的反对。支持它的人极力为它进行辩解，汉密尔顿和麦迪逊在一场论战中发挥了极大的作用。最后，所有十三个州全部都通过了这份文件。汉密尔顿和麦迪逊撰写的拥护新宪法的论述，后来以"联邦党人文集"为题出版发行，成了论证联邦政府原则的一部经典著作。新成立的中央政府马上开始履行它的职责；在首个任期的就职典礼上，华盛顿向代表们发出号召，要他们采用所有可以"赢得世界尊重"的方式，"奠定国家政策的基础"。

联邦的巩固、领土的扩张和对外政策

三个显著的特征象征着美国政治史在国家融合为一个联邦组织之后的头三十年的发展方向。第一个特点是宪法赋予中央政府的那些权力逐步扩大。联邦最高法院成立六年之后，约翰·马歇尔获得最高法院首席大法官的职位，他一直沉稳而严谨地履行自己的职责，1835 年。马歇尔是中央政府的拥护者。他确信，这也正是宪法缔造者们试图建立的政府。二十四年来，他几乎全身心地投入这样一项工作中：从国家的这部基本法中验证它赋予联邦当局的司法裁判权。在他的努力下，最高法院迈出了具有时代意义的一步，宣布联邦宪法授予联邦政府更多的权力。除此之外，凡是宪法把一项权力授予国会的时候，它都把使用方式及权力的选择权托付给了国会。"如果目的是合法的，并且在宪法允许的范围之内，那么，所有方式，只要是合理的，并且适用于该项目的，都可以使用，只要与宪法的文字和精神标准相一致，就都是合宪的。"当马歇尔在1835年卸任时，宪法作为全国和联邦政府的最高法律，已经具有稳固的地位，并可以在民族生活中管控一切，这一切，是通过他卓越的法律技巧得以实现的。

第二个特点是这三个十年包含了一个领土扩张的时代，接二连三的扩张步伐我们在本书的另一篇讲座中具体讲解。

第三个特点是，在19世纪的前二十五年里，是处在美国与欧洲列强之间的关系良好的节点上。法国和西班牙先后撤出，消除了一个可能存在的危险隐患。与英国之间的战争（1812—1815年）肃清了一切不利的国际因素。在这个比较规范的时代伴随着它的结束出现了五大湖地区的实际中立——这是政治家英明谨慎的一个大动作。没过几年，"门罗主义"的宣布阐明了美国在与新大陆国家的外交政策。在1803年至1823年间的二十年里，共和国已经确定了它的南部边界，消除了北部边界潜在的威胁，明确宣布了它与邻国之间未来政策的基本原则。

法与自由

*罗斯科·庞德*①

法律秩序为何存在？我们希望通过政治组织实现什么目标？立法的终极目的是什么？这些是法律和政治哲学最重要的问题。法律思想和政治思想的历史，主要是人们用什么方式来探究这些答案的历史。

法律的目的

1. 原始社会

在原始社会，法律秩序的存在只不过是为了维护和平，人们试

---

① 罗斯科·庞德（1870—1964 年），法学家，自 1910 年起在哈佛大学法学院任教，自 1916—1936 年担任哈佛法学院院长。主要著作有《法学讲稿》（*Outlines of Lectures on Jurisprudence*，1914）、《法哲学导论》（*An Introduction to the Philosophy of Law*，1922）、《普通法的精神》（*The Spirit of the Common Law*，1921）、《法律与道德》（*Law and Morals*，1924）和《美国刑事司法》（*Criminal Justice in America*，1930）。

图通过法律秩序来保护自我，立法的目的是为了和平解决纷争。因此，我们力求做到公平，维护和平及公正地解决纷争是实现公平的方式和获得公平的产物。原始社会的法律体系把和平变成了目的。我们当今对于伤害想到的是赔偿，而原始的法律想到的只是调解报复的需求。我们今天力争给所有人他应得的东西，或者尽可能最接近公平。而原始的法律只是试图给他报复的替代品。

2. 希腊与罗马

希腊哲学和罗马法已经超越了原始社会里关于法律秩序目的的粗浅方式。它们认为法律秩序应该为了维持社会现状而存在；人们希望通过法律秩序保证每个人各得其所，并防止与他人之间的矛盾。这一点，在希腊的政治哲学中是明确的。因此，柏拉图的理想是，国家让每个人找到一个他最适合的位置，法律要对他进行保护，目的是达到社会的和谐统一。在圣保罗著名的教诲（《新约·以弗所书》第五章第二十二节及之后，以及第六章第一—五节）中，他呼吁所有信徒对自己所属于的那个阶层尽力履行各自的职责，这些劝诫以相同的观念为出发点。罗马的法学家们把他们的政治哲学观点转变为法律。在那部伟大的著作《查士丁尼法学总论》中，我们得知，法律有三个目的：有尊严地生活；不侵害他人；给每一个人他所应得的东西。这种观念是，国家和法律是为了稳定地维持现有的社会秩序。至于他人的利益（你不能侵害这些利益）他人为什么所得？这些问题全部留给了传统的社会组织。

3. 关于宗教改革

罗马帝国瓦解之后，日耳曼入侵者们保留了原始可怕的念头：赎买复仇，并以死板的审判模式和硬性的法则主观地解决纷争，来

维护和平。但在中世纪，这些想法开始逐渐给古典观念让位：法律
秩序是维护社会稳定的一种方式，后者得到了圣经文本和罗马法那
无可置疑的肯定。此外，自 13 世纪以来，越来越多的哲学家们希望
通过理性来塑造权威，于是，他们为 17 世纪发展出来的一个新观念
奠定了基础。因为那时，有两件尤其重要的大事，迫使法律和政治
哲学进行革命。首先是宗教改革使法学和政治哲学与神学分离，并
使它们摆脱了教会权威的束缚。这要归功于 16 世纪新教法律神学家
们。其次是紧随其后的那场因为中世纪统一的、普遍的权威——教
会和帝国的崩塌而引发的民族主义运动之后，日耳曼学者彻底改变
了这样一种观念：在现代欧洲，罗马法的权威很有约束力。因此，
为法律和政治权威寻找新的基础很有必要，这些基础在理性和契约，
或者说是个人的赞同和协定中找到了。

理性和自然权利

在 17 世纪和 18 世纪，理性成了衡量所有义务的标准。17 世纪
的法学家和政治哲学家们认为，法律的存在，目的就是为了顺从理
性动物的天性。而事实上，虽然他们已经跟权威本身分离开来，但
他们都认同罗马法体现了理性，在它的指引下，人们几乎不会触碰
没有权威的东西。所以，罗马人的信条——不伤害他人，给每一个
人他所应得的。尊重人格和既得权利始终是两项最重要的正义原则。
但这些原则引发了两个问题：（1）人格中因何使侵犯成为一种伤害？
（2）因何使一个人应得某种东西？答案也许存在于自然权利理论中，
或者说是这样一种理论：个体本身具有某些天生就有的品质，并被
理性所证明，社会、国家和法律一定要帮助他得以实现。根据这一

理论可知，正义是个人自我主张的最大化；确保个人可以自由行动是国家和法律的职能所在。因此，法律的范围被局限于限制和强迫的最小化，必须使得每个人自我主张的最大化，而这种最大化，同时又受到所有人同样的自我主张的制约。这种纯粹个人主义的正义理论，在18世纪十分具有代表性的《人权宣言》和《权利法案》中表现最充分。

到18世纪后期，19世纪和18世纪的理论基础被伊曼纽尔·康德摧毁。但他为"正义是个人自我主张最大化"这一观念给出了一个全新的形而上学的基础。因此，这一观念又存在了大约一百年的时间，并在19世纪的政治学、经济学和法学著作中得到了发展。在欧洲，到19世纪中期，现实的法律已经跟这一观念完全不同，而在美国与此分离则要等到19世纪的最后十年。

19世纪，法哲学家和政治哲学家们一致认同，法律秩序的目的、政治组织的目的，以及立法的目的，都是要取得并保护个人自由。历史学家在历史中发现了这一观念并作为历史经验予以公布。法哲学家假设自由意志是基本准则，在此基础上得出一套理想的、得到法律保护的自由原则体系。功利主义的立法者认为个人自由是带给人们幸福的一种可信的方式，是一切立法的目的。约翰·斯图亚特·穆勒的著作《论自由》是详尽论述19世纪的这种绝对自由观点的范例。而且，从"社会立法"的态度来说，从限制弱者因为压力而用他们的自由作交换时所认为的绝对自由来说，这部著作比同时代以致后来的其他著作都更加合乎情理。

现代的社会学观点

现在，关于法律秩序的目标，社会哲学学派带给我们一种新观点。不是个人主张的最大化，我们如今的目标是最大限度地满足人的需要，那么自我主张只是其中十分重要的一项。因此，今天在正义理论和政治理论里考虑更多的是利益，也就是一个人可能提出的权利主张，考虑最大化地获得或保护这些利益，同时又将牺牲他人的利益最小化。除此之外，还有公共利益，也可以说是组织化的政治社会可能提出的权利主张，以及社会利益，也就是全社会的权利主张。最后，一切利益（包括个人和公共）都可以得到维护，因为这样做是社会利益之所在。但这并不代表应该忽视个人利益。反之，最主要的社会利益是个人的道德生活和社会生活，因此个人利益在很大程度上与社会利益是相符的。然而，在保证个人利益方面，在承认个人主张仅仅是人类的一个需求上，政府的宽容，也许更为合适。但在 19 世纪思想者那里，它们大概不能容忍。在这方面，穆勒的《论自由》有着永恒的价值，虽然我们对于法律和国家的目标的认识已经彻底发生变化。正如 17 世纪，对公共利益的过度化必定对个人的道德和社会生活产生阻碍，而《权利法案》和《人权宣言》中对个人利益的坚持，目前也面临同样的处境：过分看重某些社会利益，政府的放任将会成为目标而不是方式，并且会使法律秩序的真正目的受挫。因此，虽然我们站在社会的角度，但我们还是要顾及个人利益和个人可能提出的最大的权利要求：坚持自己个性的权利，轻易地使用上帝赋予他的意志和理性的权利。我们一定要坚持社会利益高于个人的道德生活和社会生活，但我们也应该牢牢尊重：那是一个拥有自由意志的人的生活。